4·16구술증언록 단원고 2학년 4반 제13권

그날을 말하다

성호 엄마 엄소영

이 도서의 국립중앙도서관 출판예정도서목록(CIP)은 서지정보유통지원시스템 홈페이지(http://seoji.nl.go.kr)와
국가자료공동목록시스템(http://www.nl.go.kr/kolisnet)에서 이용하실 수 있습니다.
CIP제어번호: CIP2019009520

4·16구술증언록 단원고 2학년 4반 제13권

그날을 말하다

성호 엄마 엄소영

4·16기억저장소 기획 편집

(사) 4·16세월호참사가족협의회 지원 협조

한울

일러두기

1. 음절로 식별 가능한 소리를 들리는 대로 전사하는 것을 원칙으로 한다.
2. 의미를 파악하기 위해 추가 설명이 필요할 경우 [ ]로 표시한다.
3. 몸짓, 어조 등 비언어적 행위는 ( )로 표시한다.
4. 구술자가 말을 잇지 못해 말줄임표를 사용하는 경우 ……, …로 길고 짧음을 표시한다.
5. 비공개 영역은 〈비공개〉로 표시한다.
6. 비공개해야 하는 희생자 형제자매의 이름은 ○○, △△ 등의 도형기호로, 생존자의 이름은 A, B, C 등 알파벳 대문자로 표시한다.
7. 비공개해야 하는 제3자는 직분이나 소속, 성만 공개하고, 이름은 ××로 표시한다. 비공개해야 하는 숫자는 자릿수에 상관없이 □로 표시하며, 지명은 □□로 표시한다.

책머리에

4·16기억저장소에서는 세월호 참사 5주기를 맞아 구술증언 수집 사업의 결과물 일부를 100권의 책으로 발간하게 되었습니다. 이 사업은 2015년 6월부터 다양한 학문 분야 구술 연구자들의 자발적인 참여로 진행되어 왔으며, 세월호 참사를 좀 더 정확하고 다각적으로 기록하고 기억하고자 하는 노력의 일환으로 수행되었습니다.

2014년 참사 발생 이후, 참사 피해자들의 목격담과 경험은 안타깝게도 공식적인 국가기관과 언론의 기록 속에서 철저히 소외되거나 왜곡되었습니다. 그것은 세월호 참사가 우리에게 안긴 죽음과 고통의 충격만큼이나 우리 사회의 끔찍한 비극이었습니다. 따라서 사업을 진행하면서 세월호 참사 희생자 가족, 생존자, 생존자 가족, 어민, 잠수사, 활동가, 기자 등등, 참사의 초기 과정을 직접 경험한 분들의 증언을 우선적으로 수집했습니다. 구술자는 이 사업의 취

지와 방식에 개인적으로 동의한 분 중에서 선정했으며, 참여 과정에 어떠한 금전적 보상이나 이익이 제공되지 않았습니다. 또한 구술증언 수집 사업을 진행하는 동안, 면담자는 연구자이자 참사를 겪은 공동체 시민으로서 최대한 윤리적이고자 노력했습니다.

구술자마다 매회 약 2시간씩 3회를 원칙으로 음성 녹취와 영상 촬영을 하는 방식으로 진행되었고, 증언의 일관성을 확보하기 위해 면담자는 큰 틀에서 공통 질문지를 사용했습니다. 공통 질문지의 내용은 참사와 구술자 간의 관계성에 따라 차이가 있지만, 유가족 구술의 경우 1회차 '참사 이전의 삶, 팽목항과 진도에서의 경험, 자녀에 대한 기억'을, 2회차 '참사 이후 투쟁과 공동체 활동 경험'을, 3회차 '참사 이후 개인 및 가족이 경험한 삶의 변화와 깨달음, 자녀의 현재적 의미'를 중심으로 했습니다. 이처럼 증언 내용은 참사 이전에서 시작해 참사 발생 당시의 경험과 이후의 변화 과정까지 폭넓게 수집했고, 면담자는 구술 채록 과정에서 구술자의 발화를 최대한 존중하고자 했으며, 무엇보다 각자의 특수한 경험과 다른 시각을 충실히 반영하고자 했습니다.

이 구술증언록의 발간을 위해, 채록된 음성 자료는 문서로 변환해 구술자와 함께 검토했고, 현재 시점에서 공개할 수 있는 영역과 할 수 없는 영역으로 구별했습니다. 따라서 책에 실린 내용은 모두 구술자로부터 공개를 허락받은 부분입니다. 비공개 영역은 추후 구술자의 동의를 받아 적절한 절차를 거쳐 추가로 공개될 수 있으리라 생각합니다.

이 구술증언록 100권에는 그동안 우리 사회에 왜곡되어 알려지거나 잘 알려지지 않았던, 참사 발생 직후 팽목항과 진도 혹은 바다에서의 초기 상황에 관한 중요한 증언이 포함되어 있습니다. 또한, 자녀를 잃는 잔인하고 애통한 상황을 겪으면서도 그 누구보다 강인한 정치적 주체로 성장할 수밖에 없었던 유가족의 마음과 경험을 구체적으로, 그리고 여러 각도에서 살펴볼 수 있습니다. 그 외에도, 이 구술증언록은 2014년을 전후한 한국 사회의 여러 측면을 드러내는 귀중한 자료가 되리라고 생각합니다. 무엇보다 국내외의 많은 분이 이 책을 읽어, 장차 세월호 참사의 진상 규명과 역사 서술에 기여할 수 있기를 바랍니다.

구술증언 수집 사업이 진행되고, 책으로 출간되기까지 많은 분의 도움과 지지가 있었습니다. 이 지면을 빌려 부족하나마 감사의 말씀을 전하고자 합니다.

먼저 (사)4·16세월호참사가족협의회와 4·16기억저장소에 감사를 드립니다. 이분들의 신뢰와 적극적인 협조가 없었다면, 이 사업은 처음부터 시작할 수조차 없었을 것입니다. 또한 어려운 정치 환경 속에서도 사업의 취지에 공감해 재정 지원을 결정해 준 아름다운가게와 역사문제연구소에 감사드립니다. 두 단체 덕분에, 이 사업을 4년 동안 계속해 올 수 있었습니다. 그리고 구술증언록 100권의 발간에 동의하고, 바쁜 일정에도 출판 실무를 기꺼이 맡아주신 한울엠플러스(주)에도 감사를 드립니다. 이 외에도 많은 개인과 단체가 직간접적으로 많은 도움을 주시고 격려해 주셨습니다. 여기에 모두 밝히지 못하는 것을 죄송하게 생각합니다.

말할 필요도 없이, 가장 크고 또 가슴 아픈 감사는 구술자 한 분 한 분께 드리고자 합니다. 이 책이 발간될 수 있었던 것은, 무엇보다 용기를 내어 아픔과 고통의 기억을 다시 떠올리고 장시간 진심으로 이야기를 해주신 구술자가 있었기 때문입니다. 오랜 시간 이야기를 나누며 함께 공감하기도 했지만, 그 아픔과 고통을 어떻게 가늠할 수 있을까 싶습니다. 더 큰 도움이 되지 못함을 안타까워하며, 이 구술증언록 100권의 발간이 피해자분들에게 조금이라도 위로가 될 수 있기를 기원합니다.

2019년 4월

4·16기억저장소 구술팀 책임자
서울대학교 인류학과 교수 이현정

차례

■ 1회차 ■

■ 2회차 ■

■ 3회차 ■

성호 엄마 엄소영

구술자 엄소영은 단원고 2학년 4반 고 최성호의 엄마다. “엄마는 세상을 아직 몰라”라며 떨어져 있는 아빠를 대신하여 엄마의 듬직한 보호자 노릇을 했던 외동아들 성호. 세상과 소중함에 대해 너무나 많은 것을 새롭게 알게 해준 아들을 기억하며, 엄마는 어딘가 자신을 필요로 하는 아이들을 위해 남은 생을 살고 싶다는 바람을 갖고 있다.

엄소영의 구술 면담은 2017년 2월 20일, 3월 7일, 7월 5일, 3회에 걸쳐 총 5시간 동안 진행되었다. 면담자는 이영롱, 촬영자는 김솔·강재성이었다.

구술자 본인의 프라이버시나 제3자의 프라이버시를 제외하고는 구술자의 발화를 있는 그대로 전사했다.

1회차

2017년 2월 20일

1
시작 인사말

면담자 본 구술증언은 4·16 사건에 대한 참여자들의 경험과 기억을 기록으로 남김으로써 이후 진상 규명 및 역사 기술에 기여하고자 합니다. 지금부터 엄소영 씨의 증언을 시작하겠습니다. 오늘은 2017년 2월 20일이며, 장소는 안산시 단원구 세승빌라입니다. 면담자는 이영롱이며, 촬영자는 김솔입니다.

2
구술증언 참여 동기와 근황

면담자 오늘은 4·16 이전의 삶, 어머님께서 어떻게 살아오셨는지에 대해서 그리고 4·16 당일부터 안산으로 돌아오시기까지의 경험과 성호 군에 대한 기억들에 대해서 여쭤볼 텐데요. 먼저 어머님께서 이 구술증언 사업에 참여하시게 된 동기가 어떻게 되세요?

성호 엄마 그냥 솔직하게 얘기하면 되나요? 그냥 [4·16가족협의회에서] 전화를 받아서(웃음), "그냥 다 해야 되는 거다. 우리는 다 해야 되는 거니까… 그냥, 하자" 그래서, 생각해 보겠다고 그러다가 "알겠다" 그래서 하게 됐는데.

면담자 왜 꼭 해야 된다고 설명을 하셨을까요?

성호 엄마 우리 기억이 점점 사라지니까, 나중에는. 억지로 기억을 하고 싶지는 않지만 그래도 기억할 수 있을 때 그래도 기록에 남겨둬야 나중에 더 좋지 않을까 해서. 자꾸 잊어버리니까 그렇게 하라고 하더라고요.

면담자 더 까먹기 전에 기록을.

성호 엄마 지금도 자꾸 잊어버리고 하니까.

면담자 [구술을] 하겠다고 답변을 해주신 이후에도 여기에 오시기까지 쉽지 않으셨을 것 같은데, 구술을 망설이게 한 이유가 있었을까요?

성호 엄마 솔직히 얘기할 자신도 없었어요. 아픔을 이렇게 드러내서 얘기한다기보다, 그냥… 쉽게 되지는 않더라고요, 마음이. 다 귀찮고 만사가 귀찮고, 그닥 뭐 요즘에 뭔가를 예전보다는…. 한 2년 전까지만 해도 뭔가 의욕이 넘치고 뭔가 해야 되겠다는 그런 게 있었는데, 그 이후에는 아무것도 하고 싶지 않을 만큼 그런 상태였어요. 그래서 이 얘기를 들었을 때도 선뜻 대답… 대답할 수도 있겠지만 안 되더라고요, 그게. 그래서 하겠다 그래도, 해놓고도 이렇게 머뭇거려지고 그렇더라고요. '누구든지 날 그냥 가만히 내버려 뒀으면 좋겠다'라는, 그런 게 되게 많이…. 2년 전까지는 몰랐는데 2년 지나고 나서부터 이런 증상이 생겼어요. 사람들도 만나기 싫고 그래서 지금도 그닥 사람도 많이 만나고 있진 않은 편이고, 그냥 주로 집에서 지내고. 그래서 그냥… 이게 마음이, 그렇게 많이 움직여지지가 않더라고요. 이유라기보다 그냥 몸이 그랬어요. 몸도 그렇고 다.

면담자 어려운 걸음 해주셔서 감사합니다. 어쨌든 이렇게 시작하시게 되고 이 자리에 오시게 되어서 오늘의 이야기가 기록으로 남게 되는 건데요. 나중에 이 내용들이 어떠한 목적으로 사용되길 기대하시거나, 예상하시는 게 있으신가요?

성호 엄마 아니요, 꼭 그런 건 없어요. 이 자료가 필요하다 그러면 써야 할 곳이 필요하다면, 음… 솔직히 쓰지 않는 게… 쓰지 않을 정도로 그런 일이 안 생기면 좋을[좋겠다고 생각할] 뿐이죠. 그냥… 그런 일만 안 생겼으면 좋겠어요. 사용하지 않을 정도로, 그냥 좋은 일만 있었으면 좋겠죠.

면담자 방금 말씀해 주신 거 들으면 최근에 활동하시기 어려우신 상태였을 수도 있을 것 같은데요. 혹시 최근에 세월호 관련돼서 활동하시고 계신 게 있으신가요?

성호 엄마 안 해요. 촛불집회 할 때 그냥, 그것도 매회 참석할 수도 없고. 마음은 참석하고 싶은데, 몸이 안… 안 움직여져요. 저기서 '내가, 내가 해야 될 일인데'라고 생각을 하면서도 발길이 안 떨어져요. 그래서 내가 움직일 수 있을 때 몸이 좀 움직여져서 할 때는 하는데, 다 참여하지는 못했어요. 촛불집회만, 그런 것 몇 번

하구 다른 거는 안 하고 있어요, 아예.

3
4·16 이전의 삶과 일상

〈비공개〉

면담자 제가 오는 길에 2014년 6월에 녹음하셨던 '4·16의 목소리' 팟캐스트를 듣고 왔는데 거기서 어머님께서 "2014년 1월에 다시 안산으로 오시게 돼서 성호 군이 단원고에 들어가게 됐다" 이런 얘기를 해주신 걸 들었거든요. 그 이전의 궤적이 어떻게 되시나요?

성호 엄마 결혼하고 애 낳고 쭉 안산에 살았어요. 안산에 살다가 초등학교 3학년 말에, 4학년 올라갈 때쯤 영주로 가서 한 1년 반 살고, 다시 또 5학년 말에 안산으로 와서 초등학교 다니고, 그다음에 여기 안산 단원중에서 중학교를 다니고 그담에 고등학교, 1학년… 1학기까지 단원고등학교를 다녔어요. 고등학교 1학년 1학기까지 다니다가, 어… 그때 성호 아빠가 지방에 있으니까 '도저히 이렇게 살면 안 된다, 가족이 이렇게 떨어져 살면 안 된다' 그래 가지고 서로 합의하에, 성호는 되게 가기 싫어했는데 어쨌든 그것 때문에 문제가 참 많았어요. 성호랑도 많이 다투고, 친구들 놓고 가는 것도 쉽지 않잖아요. 그래서 그거랑도 많이 다투다가 서로 달래도 보고 얘기하다가 최종적으로 합의한 다음에, 성호도 마음을 접고 고등학교 1학년 때, 여름방학 하면서 순천으로 이사를 간 거죠.

이사를 가서…거기서도 한 6개월을 살았나, 순천에서. 내려가서 한… 순천에 내려간 지 한 3개월 만에 회사에서 통보를 받은 거예요. 말레이시아로 파견 근무를 하든가, 아니면 그만두든가 그 둘 중에 뭔가 선택할 여지가 없었어요. 그러니까 차라리 그 전에 얘길 했으면, 그전에 회사에서 그전에 그런 게 있었으면 아예 내려오지도 않을 뿐더러 그냥 여기서 계속 쭉 살았겠죠. 근데 이사 간 지 얼마 안 돼서 3개월 만에 그렇게 통보를 내리니까 우리도 진짜 황당하더라고요. 같이 살자고, 셋이 같이 살자고 내려왔는데 성호 아빠도 되게… 난감해했었어요. 고민도 많이 하고 그래서 한 달 정도, 2주 정도를 고민했었어요, 같이. 셋이서 같이 고민을 했는데, 그래서 결정을 내린 게 지금 당장 회사를 그만둘 수도 없고 그래서 말레이시아로 가기로 한 거죠.

그러고 나서 11월, 11월 10일인가. 그때 말레이시아로 신랑은 가게 됐고 우리는 일단 순천에 있다가 이제 또 성호랑 얘기를 하다가 "그냥 우리가 여기서 살래? 여기서 살다가 기다릴래, 아니면 우리 안산 가서 살까?" 이랬더니 처음에는 "난 아무래도 괜찮아" 이러다가 나중에는, 친한 친구가 거기 다 있잖아요. 그러니까, "가면 더 좋고" 이런 얘기를 하더라고요. 그래서 "그래 그러면 가자" 이래서 집 알아보고 그랬는데, 또 집도 없었어요. 그래서 부랴부랴 급하게 구해가지고 올라와서, 이사를 1월 10일 날 왔어요. 그러니까 순천에서 딱 6개월을 보낸 거죠. 2학기를 보내고, 1학년 2학기를 보내고 올라온 거죠.

면담자 고2 시작할 무렵에 온 거네요.

성호 엄마 네네. 그래서 순천에 살 때 생각을 많이 했었는데, 다시 안산으로 올까 하다가 저기 동탄도 알아봤던 거예요. 성호가 인제 영어가 되니까 그냥 동탄 국제고등학교를 알아봤는데 성호가 들어갈 수 있는 상황에도 불구하고, 성호가 만약에 [고등]학생이 아니었으면 중학교 졸업하고 그 상태로 있었으면 바로 들어갈 수가 있었는데, 편입을 해서 시험도 봐야 되고 이런 절차가 있더라고요. 그래서 안 되겠다 싶어서 다시 안산으로 가자 해서 다시 안산으로 이사를 와서 알아보니까 1년 안에는 다시 그 학교로 돌아간대요. 1년 이후에, 1년이 지나면 다른 학교로 배정이 되는데 1년 안에는….

면담자 아, 원래 있던 학교로 돌아갈 수가 있는….

성호 엄마 네, 네네네. 원래 있던 학교로 갈 수가 있대요. 잘됐다 싶어서 준비해서 바로바로 올라왔죠. 그래서 순천에서 한 6개월 정도 살고. 그리고 인제 신랑은 우리가 어디에서 이사를 한지도 모르고 그 상태에서 우리끼리 올라온 거죠(웃음). 그런 다음에 이사 오기 전에 대출 관련 이런 것 때문에 신랑이 잠깐 한국에 며칠 왔었어요. 그때가 12월 말, 12월 말쯤에 잠깐 와서 일 보고 또다시 나갔는데, 성호를 본 게 인제 그게 마지막인 거죠. 그리고 이사 와서 있다가…, 한 2주 정도는 저는 3월 달쯤에 말레이시아에 가 있었고. 성호 아빠가 너무 외로워하는 거 같아서. 성호 인제 그때 성호 학교 다닐 때, 성호 혼자 2주 동안 있었던 거죠. 그사이에 성호가 친한 친구들 다 불러가지고 한 2주 동안 같이 지냈더라구. 그리고 어쨌든 안산 와서, 그래서 되게 좋아했던 것 같아요, 성호가.

면담자　친한 친구들이 있으니까 아무래도 좋았겠네요.

성호 엄마　네. 그리고 인제 뭔가를 더 할… 욕심도 많이 생긴 것 같고, 다시 돌아와서 뭔가 더 열심히 해야겠다는 그런 마음도 가졌었던 거 같고, 뭔가 더 재밌게 살려고 애썼던 것 같아요. 그리고 성호 아빠는 인제 사고 나고, 사고 나서 성호를 봤잖아요, 그해 들어서. 그러고 나서 성호 장례 치르고 나서 집으로 들어온 게, 그게 처음 방문한 거였어요. 그래서 되게 낯설어했어요, 한 번도 오지 않았던 집이었으니까.

아마 제 생각에는… '성호가 이 일을 안 당하기 위해서 우리가, 혹시 그게… 내려갔던 것도 아닌가. 그런 기회가 있었는데 불구하고 다시 또 올라온 건가' 그런 생각도 막 들더라고요. 지금 지나고 나서 생각해 보면 피할 수도 있었는데 피하지 못했다는…… 그런 거, 그런 것도. 여러 가지 생각이 막 드는 거예요, 막. 아닐 수도 있겠지만 여러 가지 생각이 막, 자꾸 이렇게 내가 끼워 맞추게 되더라고요. 그래서 저보다는 성호 아빠가 더 불쌍하죠. 성호의… 성호랑 더 같이 못 있고 같이 생활한 것도 더 적고, 그냥 성호 아빠가 더… 나보단… 추억을 더 많이 못 쌓았으니까, 더 많이 힘들 거라고 생각이 들어요, 많이 아프고. 그래서 저보다 지금 더 아픈 것 같고.

면담자 그래서 오늘 오기 전에 성호 군에 대한 거나 어머님에 대한 정보를 좀 알고 오려고 검색을 하다 보니까 아버님 인터뷰나 활동들이 훨씬 많더라고요. 최근까지도 열심히 활동하셨고 청문회에도 나오고 한 거 보니까, 아버님이 그러한 어떤 후회가 있으셔서 활동을 더 많이 하셨나 이런 생각도 드네요.

성호 엄마 후회보다, 그냥 원래 성격이에요. 성격도 좀 있어요. 뭔가 한번 이걸 하게 되면 끝을 봐야 되니까, 끝을 보는 성격이니까. 뭔가 이렇게 일 처리를 하는 것도 마무리가 되지 않으면 안 되는 사람이니까. 그런 것도 좀 없지 않아 있을 거예요, 미안함도 있겠지만.

면담자 그럼 어머님의 경우에 이사가 잦으신 편이었네요?

성호 엄마 네.

면담자 순천, 영주, 안산도 몇 번.

성호 엄마 네.

면담자 가정주부로 지내셨다고 말씀하셨는데 그 외에 종교활동이나 사회활동 하신 게 있으신가요?

성호 엄마 사고 나기 2년 전부터 제가 교회를 한번, 좀 더 잘 살아봐야 되겠다 [싶었어요]. 교회에서도 프로그램 같은 거 많이 하잖아요, 소통하는 방법이라든가 이런 것도 알려주고 하니까. 음… 아이하고도 더 이렇게 내가 어떻게 하면은… 그니까 저를 바꾸고 싶었던 거예요. 저를 바꾸면 아이도 더 잘 크고, 그게 뒤늦게 생각이 난 거죠, 맨날 저 편한 대로 살다가. 그냥 인제 그렇게 살고 싶어서 제가 한번 교회에 발을 들여놓게 됐는데, 제대로 알지도 못하고 그냥 그런 거 있잖아요. 단 한가지로 그냥 '잘 살고 싶어, 한번 잘 살아보자' 이런 마음으루만 가서, 마음으로 갔는데 거기에 매뉴얼도 있는데 거기에 아주 충실한 것도 아니고(웃음), 그냥 마음만 앞서 있는(웃음). 그렇게 2년을 다녔던 거죠, 2년을. 그니깐 어쨌든 그게 되게 노력하는… 한 2년 정도, 그 계기였던 거 같아요. 삶을 좀 한번 바꿔보려는, 더 잘 지내보고 싶은, 그런 한 2년이었던…. 2년 정도 그런 기간이었던 것 같아요. 나도 '어떤 좋은 엄마가 되어야지'. 좋은 엄마 되고 좋은 와이프가 되고 내 삶은, 내 삶도 한번 더 좋고 이런 식으로 한번 바꿔보려는 그런 시기였던 거 같아요.

면담자 2012년 즈음부터 무슨 계기가 있으셨나요?

성호 엄마 아, 계기라는 거보다 전에는 친구들 좋아하고, 제가 친구들 되게 좋아하거든요, 그래서 성호도 친구들 좋아하는데. 제가 친구들 좋아하니까 전에는 거절하는 것도, 거절도 못 했었어요. 뭔가 내가 싫은데도 거절도 못 하고 '좋은 게 좋은 거다' 이러고 같이 다 하다가 어느 순간, 우리 신랑도 지방에서 힘들게 살고 있는데, 주말만 되면 너무 싫은 거예요. 그니까 평일에는, 어쨌든 내가 정신없이 살면 되는 거잖아요. 일주일이 정신없이 살면 되는데, 주말만 되면 다 가족끼리 있는 거예요. 그런 게 하나씩 하나씩 점점점… 눈에 들어오기 시작하고부터는 주말이 너무너무 힘들어요.

그래서 성호 아빠가 일주일에 한 번씩 오기도 힘들고, 그렇다고 우리가 일주일에 한 번씩 내려가는 것도 그렇고, 비용적인 면에서도 그렇고, 모든 게 다 힘들기만 할 뿐이더라고요. 그래서 그런 거 때문에도 서로서로 부딪침도 있었고, '왜 우리가 이렇게 떨어져서 힘들게 살아야 되나', 너무 각자 같은 삶을 사는 거 같기도 하고. 그래서 계속 그걸 고민해 왔던 거 같아요. 신랑도 회사를 그만둬야 되나 아니면은 어떻게 해야 되나. 애들은 이사를 가고 싶어 하지도 않고. 여기도 중요하잖아요, 아이한테도 중요하잖아요.

그래서 이러지도 못하고 저러지도 못하고 그런 시간이, 계속 갈등이 되니까 어떻게 살아야 되는지를 좀 알고 싶어서 제가 교회를 갔던 거 같고. 그래서 조금씩 조금씩 변화가 시작됐던 거죠. 그리고 아이한테 어떻게 대하는 법도 배우게 되고 서로서로 잘 지내려고 하는 그런 시기가 2년이었는데, 2년 전부터 시작이 됐었는데, 그 와중에도 힘듦이 계속 많이 생기더라고요. 마음만 먹어서는 되는 게 아니고 갈등도 생기고 여러 가지 생기다가 나중에는 성호 아빠도 힘들고 우리도 힘들고 하니까, 어… 그때 대통령 선거하는 날이었을 거예요, 아마. 그때 성호 아빠가 울면서 "이거는 우리가 사는 게 아니다", "이건 가족이 아니다. 이럴 바에 우리가 이혼을 하는 게 낫지가 않겠냐" 이럴 정도로 심각했던 거였어요. 그니깐 떨어져 사는 게 너무 힘들다 보니까, 서로서로 어떻게 할 방법도 찾지 못하고 하니까.

그래서 그때 성호 아빠가 우는 모습을 보고 성호도 약간 마음이 움직인 거죠. 성호 아빠가, 아빠가 그렇게 울었던 모습을 자기는 처음 봤으니까, 너무 힘들어하는 모습을. 그래서 그때부터 성호 마음이 조금씩 움직이기 시작한 거예요. 자기가 양보를 좀 하더라고요. "절대 안 돼"에서 "엄마, 생각해 보자"고. 그래서 "그러면 우리가 좋은 방법을 찾아보자. 이렇게 사는 것도 정말 의미 없으니까 그러면 우리가 같이 사는 방법으로 해보자" 해서 "같이 사는 방법을 찾아보자" 이래서 우리가 13년도에 이사를 하게 된 거죠.

그래서 정리하고 성호도 그 동안에 자기가 결정을 내렸음에도, [결정을] 내렸지만, 여기를 두고 떠나야 된다는 그런 것도 그렇고 친구들도 많이 걸리고 자기 생활이 여기서 쭉 살아왔는데 한번 또 벗어난다는 게 두렵기도 하고. 성호도 많이 힘들었던 거 같아요. 그때 엄청 스트레스도 많이 받고, 그래도 나중에는 가족을 택하고 마음을 바꿔서 그때 처음으로 '이사를 가자 그래서 다시 잘 살아보자' 이런 계기로 이사를 한 거죠. 그래서 순천 가서도 잘 지내고, 순천 가서도 성호 아빠가 엄청 노력을 했어요, 성호한테. 낯선 환경이니까 적응을 잘하게 하려고.

순천에서도 성호가 좀 힘들었거든요, 거기 적응하기가. 거기는 선생님도 사투리도 쓰고 하니까 못 알아듣잖아요. 못 알아들으니까 자기가 어떻게 해야 될, 행동을 어떻게 해야 될지 모르겠는 거예요. 그래서 음… 모든 책도, 여기서 있던 책도 다 바뀌어지고, 새로 다 정말 다 새로 시작을 한 건데, 초반에는 너무 너무 힘들어했어요. 그러다가 나중에는, 한 9월 달인가 10월 달쯤에 수학여행을 갔어요. 거기는 1학년이 수학여행을 가더라고요. 거기는 아침에 일찍 버스 타고 수학여행 가는 거라, 도시락 싸가지고 이렇게 해서 보냈어요. 갔다 오고 나서부터는 훨 좋아졌었어요.

그다음부터는 학교생활을 하기 시작하는데 너무 잘했어요. 친구가 아프다고 입원했다고 해서 병문안도 가고, 남의 집 친구 집에도 한번 자기가 가보기도 하구. '여기서 살아야 되는구나' 생각을 하니까 그런 것도 있었지만 수학여행 갔다 오고 나서 훨, 진짜… 많이 좋아졌어요. 그 친구들과의 관계도 그렇고. 그래서 우리가 잘 살겠구나 이랬는데, 갑자기 그 통보[말레이시아 근무]를 받고 난 다음에 애도 붕 뜨고 저도 붕 뜨고 신랑도 붕 뜨고. 무슨 얘기를 하려고 했는지, 여기까지 왔는지 모르겠지만(웃음).

어쨌든 셋이서 엄청 애쓰는 기간이었던 건 맞는 거 같아요, 진짜로. 신랑도 많이 힘든 일이 있었고 그래서 갈등도 많았고, 그 갈등이… 힘든, 회사에서 갈등이 생기니까 나중에는 집에까지 갈등이 이어지더라고요. 그래서 정말 셋이서 노력하는, 정말 2년 동안 무지 노력했던 해였던 것 같아요, 그때는 정말 잘, 진짜로… 잘 살아보려고 그렇게 애썼던 그 해였던 거 같아요. 2년 동안이. 그래서 어쨌든 순천에서도 안 됐지만 다시 여기 와서 또 잘 살아보려고 신랑도 말레이시아로 간 거였고, 그래서 우리도 인제 그 못지않게 아빠도 힘든데, 힘들게 결정해서 간 거고 우리도 열심히 살아야 하지 않겠냐 그래서 성호랑도 다 그렇게 해서 각자 우리가 서로 열심히 사는 거로 그렇게 계획을 잡았던 거죠. 아마 그때 새롭게 시작되는 한 해였을 수도 있었어요, 그때가.

그렇게 지내다가 수학여행 가는 날, 15일 날 성호를 보내고 그 날 밤에 성호 아빠랑 통화를 했는데, 성호 아빠가 그러더라고요. "아무리 생각해도 이건 아닌 거 같다"고 "우리가 잘 살려고 우리가 같이 살려고 순천에도 내려갔던 건데, 또 헤어져서 말레이시아에서 이렇게 서로 가족을 그리워하면서 사는 거 이제 도저히 못 하겠다. 그냥 내가 결단을 내릴게" 이러더라고요. "그럼, 알겠어". 그 결단은 "내가 회사를 그만두고 거기 가서 다른 거를 뭔가라도 해보자. 해볼 수 있는 일을 찾으면 되지 않겠냐" 이래서, "그냥 내가 그만두고 갈게. 그냥 가서, 한국 가서 셋이서 같이 살자, 잘 살자" 이런 결단을 내렸던 날이 15일이었거든요, 갑자기 성호 아빠가.

그래서 성호 아빠가 아마 이게 더 맘이 아팠을, 음 그래, 아팠을 거예요. (울먹이며) 그러니까 이제 셋이 한번 정말 잘 살아보려고 하는 날… 날. 음, 그냥 일이 터져버리니까……(울음). 그냥… 그냥 기회가 없어진 것 같아요. 셋이 잘 살 수도 있었는데, 셋이 잘 살 수 있을 기회가 있었는데도 불구하고, 그렇게 마음먹었는데 그 기회조차 그냥 잃어버렸다는 게…….

면담자 아무래도 직전에 아버님이 그런 결단 내리시고, 이사도 안산으로 오고 나니 어머니는 그런 상상을 정말 많이 하셨겠어요. 이렇게 하지 않았으면…….

성호 엄마 ‘그냥 순천에서 계속 살았으면… 성호가 잘 살고 있으려나, 있었을 수도 있었겠다’ 이런 생각도 하고. 그리고 또 한편으로는 성호의 친한 친구가 다 갔잖아요. ‘성호가 제대로 살 수 있었을까’ 이런 생각도 들기도 하고. 그니까 어떨 때는 우리 위로를 하는 거죠. 성호도… 친구들이 갔…, 다…… [하늘로] 올라갔으니깐 ‘성호도 제대로 살지 못했을 거야’라는 생각도 그냥 우리 위안대로 하고 있는 거야. 그래서 어떨 때는 ‘그래 그냥 다 같이 있어서 그래도 괜찮다’(울음). 그냥 이렇게 생각을 하고 있더라고요, 제가. 어떤 삶을 살았을지는 잘 모르겠는데, 그냥 그렇게 [친구들하고] 다 같이 있는 걸로 위안을 삼게 되는 거 같아요(울음).

면담자 이사도 자주 하시느라고 약간 정신없으셨을 거 같아요. 그 몇 년 정도 일상에 대해서 한번 여쭤보고 싶어요. 그 이전에 보통 평일에 아침에 눈뜨고 밤에 주무실 때까지 혹시 일과가 어떤지 기억나시나요?

성호 엄마 그냥 그때는 뭔가 많이 배우러 다녔고, 제가 일을 안 다녔기 때문에 뭔가 사람들 많이, 사람들 많이 만나고 배우러 많이 다니고. 그리고 성호도 제가 뭘 배우는 걸 되게 좋아해서, 내가 뭔가 일은 하지 않아도 뭔가를 배우고 있다는 거에 되게, 어… 되게 좋아하는 거 같았어요. 그래서 일은 안 하지만 그래도 나름 바쁜. 그리고 오면 애들 밥, 간식이나 뭐 이런 거, 보통 사람들이 하는, 성호 친구들이 오면 그냥 간식도 주고 그렇게 그냥 지냈던 거 같아요.

면담자 주말부부로 몇 년을 지내신 거죠?

성호 엄마 되게 오래됐죠. 영주에서 올라오고 나서부터는 쭉 그랬으니까, 초등학교 5학년 말부터 그랬으니깐.

면담자 한 5년 정도. 5, 6년?

성호 엄마 네.

면담자 주말에는 항상 왔다 갔다 하실 수가 없으셨을 것 같은데 한 달에 한 두 번 정도 다니셨나요?

성호 엄마 네, 네네. 웬만하면 이제, 웬만하면 힘들어도 좀 같이 보려고 하고 자기가 힘들어도 오더라고요. 그리고 왔다가 그다음 날 출근해야 되니까, 월요일 날 출근하면 일요일 날 새벽에, 새벽에 또 목숨 걸고 내려가고. 새벽에 안개가 많이 꼈잖아요.

면담자 운전하고 다니신 건가요?

성호 엄마 응, 그렇게 하구. 자기도 힘든 몸을 이끌고 여기 오는 게 낙이었던 거죠(한숨). 정신을 차려봤을 때는, 정신 차리고 나면 나중에는 없더라고요. 하, 정신 차리고 나니까 없어.

면담자 주말이 벌써 가서?

성호 엄마 음, 그니까 뭐든지 마음먹기 나름인 거잖아요. 불편한 것도 그렇고 마음 편한 것도 그렇고 뭔가… 응, 그러니까 뭔가 이렇게 지내다 보면 시간이 너무 빨리 가고, 또 가야 되는 부담감도 생기고 먼 길 또 내려가야 하는 부담감도 생기고. 그 시간이 되게 아까웠어요, 되게 아깝고…….

면담자 소중하고.

성호 엄마 네. 근데 성호는 주말마다, 주말에는 게임하는 날이거든요. 근데 아빠 오시는 날 못 하잖아요. 그걸 애들은 되게 힘들잖아요, 그게(웃음). 그것도 예민하지. 예민한데도 그래도 아빠 오시니까 그걸 양보하고, 일단은 양보를 하고 아빠 가신 다음에 하고 그렇게 지내고. 그래도 아빠 오기만을 계속 기다린 거죠.

면담자 어머님과 성호만 있는 주말에는 어떻게 보내셨는지 기억나세요?

성호 엄마 둘이 집에서 계속 있기도 하고 아니면은 다른 약속이 있으면 서로 인제 같이 나가고. 어쨌든 혼자서 애를 키운다는 건 너무 힘들었어요(웃음). 그니깐 신랑도 돈 버느라고 힘들긴 한데, 혼자서 엄마, 아빠 그걸 다 해야 되니까 너무너무 힘들었어요. 그리고 인제 아빠가 해줘야 될 역할이 있는 거잖아요. 뭔가 대신해줘야 되는 게 있는데 그게 안 될 때는, 진짜 싸우기도 많이 싸웠고 잘 지내기도 많이 잘 지내고, 그럼에도 불구하고 어떨 때는 서로 안쓰러워 가지고 막 그러고. 그니까 성호는 진짜 특별한, 저한테는 진짜 특별한 거죠. 싸우기도 많이 싸웠지만 어떨 때는 진짜 밖에서 들으면, 진짜 부부 싸움 하는 것처럼 들릴 수도 있을 정도로 그렇게, 제가 엄마가 아니고 그냥. 엄마하고 자식 관계 면은 뭔가 엄마

가 좀 양보하는 것도 있어야 되는 거잖아요(웃음). 그것도 양보 안 하고 그냥 철이 없던 엄마로 지냈던 거죠.

면담자 친구 같은 관계이셨을 것 같아요.

성호 엄마 네. 성호가 저를 많이 보호해 주려고 했던 거죠. 싸우고 나면 화해 차원에서 맛있는 거 먹으러 가는 거고(웃음). 근데 처음에는 그 싸웠던 게 너무너무 많이 미안했었어요. '우리가 안 싸우고 지냈으면 어땠을까' 이런 생각도 많이 하고 너무너무 많이 미안했었는데, '난 정말 나쁜 엄마다' 이렇게 혼자 자학하고 그랬었는데 조금 지나니까 그 싸움마저 좋은 거예요. 만약에 그 싸움마저 없었으면 우리는 어떻게 지내고 있을까, 성호 생각… 성호에 대한 기억을 나는 어떻게 가지고 생각하고 있고, 생각이나 날까? 아무런 변화가 없이 그냥 일상대로 쭉쭉 살았다면 뭔가 특별한 것도 생각이 안 나잖아요. 그런데 그 싸움마저 그리운 거예요. '그래도 이렇게라도 싸웠으니까 기억이 나는구나' 막 이런 거로 혼자 또 위안을 하구.

너무 미안하면 못 살겠는 거예요. 어우, 정말 내가 죽어야 되지 살 수가 없는 거예요, 너무 미안하니까. 그냥 살 수 있는 이유를 계속 찾았던 것 같아요. '아, 그래. 그래도 싸워서, 좋은 기억도 있었고, 나쁜 기억도 있었지만 그거라도 있으니까 좋다', 이런 거예요. 저는 그거라도 [있으니까 그나마 나은데], 근데 그거를 우리 신랑이 부러워하는 거예요. 그런 기억이라도 있으니까 그거를 부러워하더라고요. 누군가에게는 그것도 부러움이 될 수 있구나, 그렇게 또. 그래서 또 하루를 살게 되고 그냥 계속 뭔가 살아야 될 방법, 이유를 계속 찾는 거 같아요, 혼자. 말도 안 되는 거 가지고도 그냥 이유 찾고. 근데, 싸우면서도 서로서로 막 필요한 존재, 그냥 없으면 안 되는 그런 존재, 그런 존재인 거 같아요.

면담자　　성호가 혼자다 보니까 더 각별하셨을 것 같아요.

성호 엄마　　네, 네. 혼자다 보니까 '공부보다는 그래도 싸가지 있게는 키워야 되겠다'(웃음) 그래서 아마 더 힘들지 않았나, 많이 힘들지 않았나 싶기도 하고. 근데 다시 만약에 그렇게 돌아간다 그래도, 그것보다는 좀 덜하겠지만 그래도 비슷하게 또다시 키울 것 같아요.

면담자　　어머님께서는 성호를 양육하시면서 가장 중요하게 생각하셨던 게 그런.

성호 엄마　　인성.

면담자　　사람에 대한 예의 같은 거.

성호 엄마　　아주 올바르진 않아도 그래도 공부보다는 일단 저는 인성이 더 중요했어요.

면담자　　항상 그렇게 강조하고 그렇게 하셨겠네요.

성호 엄마　　네. 그래서 인사 잘하면, 일단은 "인사부터 잘해라"(웃음), "그러면은 더 좋은 일이 생길 거다". 그래서 인사도 무지 잘

했던 거 같고. 그래서 저는, 그래도 성호가 잘 컸던 것 같아요. 정말 부모보다 더 낫게 큰 거 같아요(웃음), 나름.

면담자 그때 팟캐스트에도 말씀하신 내용 중에 4·16 이후에 주변에서 성호에 대한 이야기 듣다 보면 “내가 생각했던 거보다 우리 아들이 훨씬 더 멋있는 사람이었던 것 같아” 이렇게 말씀하셨거든요.

성호 엄마 네네, 맞아요. 저보다 더 생각이 좀 더 깊었던 것 같고. 내가 이 틀 안에서만 계속… 틀 안에서만 계속 이렇게 해야 되는 것만 같았는데, 한 발짝 뒤로… 뒤에서 보게 되면, 그래도 꼭 그렇지만은 않다는 게, 그걸 나중에야 깨달은 거죠. 그럼에도 불구하고 얘는 정말 잘 크고 있는 거 같았어요. 정말 생각도 되게 깊고, 나보다 더 깊은 아이라고 생각했어요. 그리고 뭔가, 내가 일이 있어서 뭔가 물어볼 때 많이 도움이 됐어요, 정말(웃음). 진짜 본받을 만한 애죠.

4
아이와 가장 좋았던 추억

면담자 성호와 함께한 삶 중에서 기억에 남는 에피소드가 있을까요?

성호 엄마 많은데 음… 성호랑, 성호가 코스프레 할 때, 하는 날이면 그 전날 같이 만들어요.

면담자 옷 같은 거?

성호 엄마 성호는 그때 캔 종류를 많이 했어요, 캔.

면담자 캔으로요?

성호 엄마 음료수 캔 모양으로 많이 했거든요. 자기가 재료를 사와요. "니가 재료를 다 준비해 오면 엄마가, 도움은 좀 줄… 될 수 있으면 도움은 좀 줄게" 해서, 그때 제가 미싱을 하고 있었는데 부직포를 사오면 사람이 들어갈 만한 크기로 만들어요, 자기 몸에 들어갈 만한 거로. 그래서 "동그란 캔은 무리니까 그냥 네모난 거로 가자" 그래서 지가 혼자 재단을 다 해요, 얘가. 재단을 다 해놨으면 표시 이렇게 해가지구, 제가 해줄 수 있는 건 박음질이잖아요. 박음질해 주고, 위치 잡아주면 그거 해주고, 옆에서 또 바느질하고, 성호가. 그걸 젤 잘했… 제 기억으로는 내가 젤 잘하는 게 그거다(웃음). 좋아하는 거 했을 때 내가 옆에서 그나마 같이했다는 게 젤 잘한 거다, 그나마. 그때 되게 즐거워했으니까요. 그때는 재욱이랑 같이 코스프레 갔었거든요. 다녔는데 재욱이는 환자 코스프레 하는 거고. 그럼 걔는 환자복만 있으면 되는 거거든요. 근데 성호는 음료수 캔이다 보니까 매 달마다 바뀌어져요(웃음). 처음에는 포카리스웨트 하고 두 번째는 2프로, 음료수 2프로 하고 세 번째는 레드불인가? 점점점 나아지더라고요 이게, 점점점.

면담자 진화했네요.

성호 엄마 그니깐 그때가 성호도 아마 젤 즐겁지 않았을까, 같이 뭔가를 할 때.

면담자 학교에서 그런 행사가 있었나 봐요, 다달이?

성호 엄마 아니, 학교에서 행사한 게 아니고. 서울에서, 서울에서 하는 거였어요, 서[서울코스프레].

면담자 아, 페스티벌 같은 데서….

성호 엄마 그래서, 매달, 매달 그거를 준비를 하고 있었던 거예요. (웃으며) 되게… 재밌어하고. 제가 젤 잘한 게 그거였던 거 같아요. 같이 도와준 거, 같이한 거.

면담자 성호가 아주 활달한 성격이었나 봐요.

성호 엄마 네. 내성적인 거 같으면서도 되게 활달했던 거 같아요. 보면 이렇게 두루두루, 친구들도 한번 사귀면 오래가고. 저는 지금 인제 성호 일 이렇게 있고 나서 한번 어떤 아이가 찾아왔는데 제가 못 만났어요, 연락만 받았지. 근데 분향소에다가 편지를 써놨고 갔더라고요. 그래서 '아, 얘가 누굴까 누굴까' 찾아봤더니, 중학교 때 카이스트 견학을 간 적 있었어요, 한 일주일. 그니깐 뭐 해외 연수도 많이 보내잖아요, 근데 나는 그거는 못 해주겠고. 카이스트에 약간…, 로봇을 좋아했으니까 로봇 과학 쪽을 좋아했으니까 일단은 처음에 중학교 때는 그런 꿈도 있었던 거예요. 그래서 "거기

견학 가고 싶다. 거기 한 일주일 체험하는데, 형아들 거기서 자고 어떻게 생활하는지 좀 보고 싶다" 그래서 "그래 그럼 너 좀 보태, 엄마도 보탤게" 이래 가지고 한 일주일 보냈어요. 거기서 카이스트 학교 자체 내에서 생활하고 어떻게 수업하는지 그거를 다 하고 오는 그런 일이 있었는데, 방학 때였는데.

거기서 같이 숙소에서 같이 지냈던 아이들하고, 같이 팀이었던 아이들하고 연락을 그 이후로 쭉 했었나 봐요. 그 소식을 듣고 걔가 울면서 연락이 한번 왔던 거예요. 그래서 지나고 나니깐(한숨) '성호가 참 그래도 한번 맺은 인연들은 되게 오래가는구나. 되게 참 잘 살았다'라는 생각이 드는 거예요, 나름. 그러니까 제가 생각하지도 못했던 이게, 성호를 보내고 나서 계속 그런 거를 이렇게 겪게 되다 보니까 '참 되게 멋지게 살았구나' 이런 생각이 드는 거예요. '내가 생각했던 거보다 더 잘 살았구나. 더 재밌게 지냈구나' 이게… 음. 갈수록 그래서 '진짜, 진짜 애는 멋지다' 이런 게… 이게 자꾸 '멋진 놈이네' 이런(웃음). 계속 이렇게 들더라고요, 생각이. 그래서 '그래도 잘 커왔구나. 내가 많이 부족했는데도 고맙게 잘 커왔구나' 이런 생각이 들어서….

면담자 고마운 마음도 드시고.

성호 엄마 네, 고맙죠.

5
평소 사회에 대한 관심

면담자 4·16 그 이전까지, 지금도 그렇고요. 보통 세상 돌아가는 일이나, 성호가 고등학생이었으니까 입시 관련된 정보 같은 것은 어떻게 얻으셨던 것 같으세요?

면담자 저는 아예 몰랐어요. 근데 성호가 다 찾아봤더라고요. 다 알아보고 친구들한테도 다 공유를 한 거 같고. 그냥 성호 꿈은, 지금도 아마 그랬겠지만 2학년 때 살짝 바뀌긴 했지만 성균관대 가는 게 꿈이었어요. 성균관대 가서 국문학과 가서 자기는 소설 쓰면서 뭐 만들 수 있음 만들고 이렇게 사는 게 그거였는데, 부모 입장에서는 지금은 어떻게 사는 삶이 정말 좋은 삶이란 건 알지만 그 전에는 안정되게 살고 돈 벌고 더 잘 벌고 이런 게 성공했다고 그런 거잖아요. 그래서 "작가가 되는 거는 그냥 힘들기만 할 뿐이고 고된 삶을 살 것이고 돈도 많이 못 벌 것이며" 이런 식으로 얘기를 많이 했었는데, 나중에는 그래도 그거를 되게 고집하는 아이였거든요.

그러다가 2학년 올라와서 건우라는 친구가 있어요. 근데 그 친구가 심리학과를 갈려고 준비를 했던 거 같아요. 그러니까 2학년 때, 그 소설가 꿈은 접진 않고 그러면 '심리학과로 한 번 더 열심히 해서 가볼까?' 그래서 그걸 또 찾아봤던 거 같더라고요. TV에서 그때 무슨 중앙대 교수님이었는데, 심리학과 교수님이 나왔었어요.

나 저 학교 가가지고 저 교수님 만날 거라고 이렇게 얘기를 하더라고요. "그래 알았어. 심리학과도", 저도 심리학과는 좀 좋아했으니까, 사람 마음 알아보는 것도 되게 재밌어하고 궁금해하고 그래서 "그것도 좋다, 나는 적극 찬성이다" 그래서 그걸로 그렇게 밀고 나가려고 했던 거 같아요.

근데 소설은 나중에 어쨌든 쓰는 걸로 그 꿈은 안 버렸던 것 같고, 하고 싶은 것도 되게 많았는데 나름 친구들하고 공유하고 인터넷 찾아보고 여러 가지 많은 걸 찾아봤더라고요. 고등학교 갈 때도 용인외대도 한번 알아봤더라고, 학비는 얼마며 어디에 생활하며 그런 거까지 다 따지고. 오히려 제가 안 알아봤었어요(웃음). 오히려 제가 안 알아보고 성호가 다 알아보고 그냥 저는 그냥 듣기만 하고, "여긴 괜찮은 거 같애?", "그래, 그걸로 해" 이러고. 혼자서도 다 알아보고 친구들하고 공유하면서 다, 어른보다 나은 애들인 거 같더라고(웃음). 그래서 요즘 애들이 참 똑똑하다. 똑똑하기도 하고 다 현명하기도 하더라고요. 다 자기 할 일은 다 하고 지낸다는 생각을 했어요. 그런 거 보면서 그래서 더 제가 신경을 안 썼던 거 같아요.

면담자 잘하니까 이제.

성호 엄마 어어, 알아서 하겠거니, 굳이 강요하지 않아도 알아서 하는데.

면담자 아주 꼼꼼하기도 한 친구였네요.

성호 엄마 네, 네네네. 되게 아빠 닮아서 그래요. 아빠 닮아서 꼼꼼하고(웃음), 저는 꼼꼼하지 못하거든요. 저는 그냥 하루 살면 되는 거고(웃음).

면담자 입시나 교육 관련 정보는 성호가 훨씬 더 잘 아니깐 주로 들어주시는 걸 많이 하셨다고 말씀하셨는데요. 그런 거 아니더라도 사회가 어떻게 돌아가고 있는지 등에 대해 같이 대화 나누는 어머님 주변 분들이 있으신가요?

성호 엄마 아, 저요? 저는 그 세상 돌아가는 얘기는 잘 안 했어요. 그 전까지도[참사 전까지만] 해도 나는 우리나라가 정말 좋은 나라고 너무 자부심이 강하고 태극기만 봐도 좋고. 말레이시아 갔을 때도 우리나라 최고라고 이러고 돌아다닐 정도로. 굳이 앉아가지고 정치 얘기하고 막 그런 얘긴 안 하고, 그냥 '우리는 어떻게 하면 애를 좀 더 잘 키우고 더 잘 지내고 어떻게 하면 더 잘 지낼까' 그런 생각만 했지. 근데 오히려 성호가 그 돌아가는 걸 더 잘 알았던 거 같아요. 한번은 저한테, 제가 뭘 물어봤을 거 같은, 제가 뭘 물어봤는데 성호가 그랬어요. "엄마는 아직 세상을 잘 몰라(웃음). 세상이 그렇게 쉬운 게 아니야" 이렇게 얘기하는데 "어, 그렇지"(웃음).

근데 애들이 뉴스를 많이…, 그니깐 친구들끼리도 그런 얘기를 많이 했던 거 같기도 하고. 성호가 토론 대회도 나갔었거든요. 토론대회 같이 나가가지고 장려상도 받기도 하고, 하여튼 여러 가지 관심 분야가 많았던 거 같아요. 그니깐 저보다 더 세상 물정을 아는 거 같았어요. "엄마, 세상이 얼마나 힘든 지 알아" 이런 식으로 (웃음), 그랬던 거 같아요. 더 잘 알았던 거 같아요. 오히려 제가 몰랐지.

면담자　　그래도 어머님 친구들이랑 자주 만나시는 편이셨다고 하셨죠?

성호 엄마　　네, 네.

면담자　　안산에서 같이 지내시는 친구분들이요?

성호 엄마　　네. 안산에서도 있고, 그다음에 여기서 옷 만들면서도 만난 친구들도 있고 동생들도 있고 이러니까, 저는 그냥 사람들 만나는 재미로 지냈던 거 같아요. 사람들 만나는 재미로 그냥 하루하루를 보낸 거 같고, 거기서 즐거움을 찾았던 거 같아요.

면담자　　어머님께서도 굉장히 사교적인 편이시네요. 사람들을 좋아하시고.

성호 엄마　　네. 뭘 하진 않았는데 그냥 사람 만나는 것을 제일 좋아해 가지고 그러고 지냈던 거 같아요.

면담자　　그러면 정치나 이런 거에 크게 관심을 두는 편이 아니셨고.

성호 엄마　　아니었어요.

면담자　　투표는 정기적으로 하셨었나요?

성호 엄마 　　네, 투표는 했어요. "몰라도 해야 된다" 그래서 투표는 그래도 했던 거 같아요, 저는. "저 사람에 대해서 뭘 절실하게 알아야 되냐" 그냥 지금 사람들처럼 저도 똑같은 것 같았어요. 그냥 여기에 더 도움이 되는 사람을 뽑으면 되고 굳이 그 사람을 찾아가지고 그 사람에 대해서 알려고 하지도 않았고 그냥 겉핥기, 겉핥기식이었던 거죠. 그래서 이 꼴이 나긴 했지만(웃음).

면담자 　　보통 그러니깐요. 사람들 그냥 오는 거 보고 적당히.

성호 엄마 　　어, 그렇게 중요한지도 몰랐고. 진짜 이런 게 정말 중요한 거 알았더라면 좀 더 세심하지 않았을까? 응.

면담자 　　그런 생각도 최근에 나시게 되고.

성호 엄마 　　네, 네네.

6
수학여행 준비와 팽목항, 진도체육관에서의 일

면담자 　　이제는 수학여행 준비에 대해서 좀 여쭤보려고 하는데요. 성호가 수학여행을 출발하기 전에 수행여행에 대해서 엄마랑 어떤 이야기를 나누었는지, 어디까지 어떤 것까지 어머니께서는 알고 계셨었는지.

성호 엄마 　　저는 처음에 수학여행 간다고 하길래, 좋아하길래

'그럼 제주도 가니까 비행기 타고 가겠구나' 이렇게 생각을 했죠. 좋지, 비행기 타고 가면. 그래서 그런 줄만 알고 있다가 아마 나중에 제가 배 타고 가는 걸 알게 됐을 걸요. 수학여행 가기 며칠 전인가? 어, 아니다. 가기 전… 그 성호가 동의하는 게 있었는데, 제가 그때 수학여행 건 관련해서는 제가 선생님한테 전화해서 성호한테 위임을 했었어요. 제가 말레이시아에 가 있었으니까 그때 제가 어떻게 할 수가 없잖아요. 그래서 성호, 그거 성호한테 다 체크해서 내게, 제가 얘기해 놨으니까. "선생님, 제가 여기 와서 할 수가 없으니까 성호한테 다 위임을 할게요" 그래서 성호가 그 동부화재 드는 것도 제가 주민번호 알려주고 다 해서.

면담자 써서요?

성호 엄마 다 냈고, 그 체크하는 것도 다 동의를 하는 게 성호가 체크를 다 해서 신청을 한 거 같아요. 그러고[한국에 돌아]와서 나는 어… 성호한테 한 며칠 전에 들은 걸로 알고, 그래서 "왜 배 타고 가, 비행기 타고 가면 되지?" 이러니까 "배 타고 가면서 불꽃놀이 하는데 얼마나, 되게 멋있다"고 그리고 "그거 중요하지 않다고 친구들하고 같이 가는데 그게 뭐가 중요하냐, 비행기를 타든 배를 타든 뭐가 중요하냐" [그러더라고요]. 그래서 저는 "비행기 타고 빨리 가서, 오랜 시간 배를 타는 거보다 비행기 타고 빨리 가서 거기서 재밌게 보내고 오는 게 더 낫지 않나" 그런, 저는 실용성을 따진 거죠. 그랬더니 "엄마, 되게 괜찮대. 엄마, 밤에 불꽃놀이도 보고 되게 재밌구 그리고 친구들이랑 같이 가니까 하나도 지루하지 않아" 이렇게 얘기를 하더라고요, 너무 좋다고.

그래서 제가 수학여행 가는 것도 몇 번 말렸어요. 순천에 있을 때 수학여행 갔다 왔잖아요. 그래서 "너 순천에 있을 때 수학여행 갔다 왔는데 또 가니까 좋아?" 이랬더니 좋대요. "근데 안 가면 안 돼, 이번에? 수학여행도 갔다 왔는데 집에서 쉬면 안 될까?" 이랬더니 자기 친한 친구들이랑 가는데 "엄마, 나는 꼭 가고 싶다"고. 꼭 가고 싶다고 그래서, 진짜 많이 제가 말렸던 거 같아요. 그래서 "그래, 가고 싶으면 가. 친한 친구들이랑 가는데 가고 싶으면 가. 그래, 그것도 추억이지 않겠어?" 그래서 그래도 이제 다시 '잘 갔다 왔으면 좋겠다' 그 생각은 하고 있었던 거죠.

그리고 수학여행 가는 날, 16일 날 저도 우리 집에서 성호가 수학여행 갔으니까 언니들 동생들 아는 동생들 해가지구 우리 집에서 밥 먹자 해가지고 저희도 약속을 잡아놓은 상태였어요. 저녁에, 16일은 그렇게 하기로, "너도 수학여행 가니까 엄마도 친구들 불러가지고 맛있는 거 먹을게" 그러니까 "응, 좋다"고[해서] "나도 약속 잡아놨다구" 그랬거든요.

그리고 나서 그거 사용 설명서 같은 거, 안내문 같은 거 주잖아요. 무슨 배를 타고 얘는 몇 호실에 묵을 거고 그다음 날은 뭐 할 거구 무슨 날은 뭐 할 거구 이렇게, 주의 사항 같은 거나 준비물 챙길 거 몇 장을 갖고 왔어요. 그래서 그걸 탁 보면서 제가, 저도 모르게 얘기를 하고 있는 거예요. "혹시 배에서 무슨 일이 생기면, 선생님이랑 같이 움직이고, 응? 선생님이 어떻게 어떻게 하라면 하면 된다"고 그렇게 얘기를 하고. 그담에 여행 가방을 쌌는데, 성호 옷도 싸줬지만 성호 아빠 옷하고 제 옷을 많이 싸줬어요.

면담자 그 여행 가방 안에요, 왜 그러셨어요?

성호 엄마 그냥 혹시나 뭔가 보호해 줄 수도 있겠다 싶어서. 뭔가 뭔 일이 생기더라도, 그냥. 혹시나 "네가 추우면 이걸 입고, 엄마 옷을 입고 너가 추리닝이 없으니까 그냥 엄마 거 가져가. 그리고 추울 수도 있으니까 아빠 거 얇은 바람막이 잠바도 넣어줄 테니까 이거 입으라구". 그리고 내 옷을 싸주면서 내가 뭔가 보호해 줄 수 있을 거 같은, 내가 거긴 없지만 그래도 뭔가 일이 생겼을 때 보호해 줄 수 있을 것만 그런 느낌이 들어서 제 옷하고 성호 아빠 옷하고 성호 몇 개를 싸줬어요, 성호 옷하고.

면담자 순천에서 여행 갈 때도 그렇게 해주셨어요?

성호 엄마 아니, 아니요. 그때는 아침에 출발했었으니까. 그냥 성호 옷가지만 몇 개 하고 그냥 도시락 싸고. 근데 너무 느낌이 달랐거든요, 그냥. 그러고 가방을 싸면서도 싸고, 이것저것 막 싸고 그리고 인제 분리해서 싸고, 이럴 때 쓰고 저럴 때 쓰고 차곡차곡 쌓아주면서 성호 되게 기분 좋아하고 이랬었거든요. 그러다가 다 싸고 나서 성호가 그러더라고요. "엄마, 내가 안아줄게 일루 와 봐. 내가 기분 좋으니까 안아줄게" 이러면서 안아주고. 그러다가 어… 그날 밤에 또, 제가 15일부터 '내가 이렇게 살면 안 되겠다' 싶어 가지고 학원에다 등록한 게 있었어요. 그 병원에서 이렇게 상담하는 거 있잖아요, 이렇게 설명해 가지구 상담 잡아주는 매니저 같은 그런 역할.

면담자 아, 코디네이터.

성호 엄마 나중에 성호가 결혼했을 때도 멋진 시어머니가 돼야지. 그래서 이 일을 배우고 나도 돈을 벌 계획을 그때 잡은 거죠. 돈 벌 생각 없다가, '나도 인제 그렇게 한번 살아봐야지' 그러고 등록을 해가지고 15일 날 저도 처음 가는 날이었거든요. 14일인가, 15일인가. 15일 날 처음 가는 날이었거든요. 그때 첫 수업이, 아니다. 14일인가? 하여튼 간 그 월요일 날, 그 수업이 첫 날이었는데 그 수업을 한 번 나가고 못 갔죠.

근데 거기서 뭔가 조사하는 게 있었어요. 유형별로 서로 이렇게 [고객을] 대하는 방법이 있었어요. 성호랑 그거 숙제 있어 가지고 체크하다가 그걸로 싸운 거예요. 어, 진짜 심각하게 싸운 거예요. 정말 사소한 건데 너무 심각하게 싸운 거예요. 너무 화가 나가지고 "너 수학여행도 가지 말라"고, 진짜로 막 그랬거든요. 그러고 왔는데(한숨) 진짜 지금, 지금도 생각하면 왜 그때 싸웠는지 정말 후회가 많이 되는데, '더 많이 싸우고 차라리 수학여행을 못 가게 했어야 됐나' 이런 생각이 들 정도로 후회가 되게 많이 되고 미안함과 동시에 후회감도 생기고. 그리고 어쨌든 잘해보려고 했으니까 그래서 그랬는데, 그냥 성호 행동들은 [평상시와] 달랐어요, 그때는.

제 행동도 좀 다르고.

며칠 전부터는 '성호가 수학여행을 안 갔으면 좋겠다' 이런 생각도 들기도 하고, 가방 싸면서도 '무사히 잘 갔다 왔으면 좋겠다' 그러고. 그리고 성호가 나를 안아주고, 안아준 다음에 가방 다 싸고 나서 여기 문 앞에서 딱 서 있는데, "내가… 수학여행 가면 내가 며칠 동안 집에 없을 건데 우리 엄마는 나 없으면 밥 안 먹는데 어떡하지?" 이런 고민을 하고 있는 거예요, 혼자서 서서. 그래서 내가 "걱정하지 말라"고 "엄마 밥 잘 먹고 있을 거니까 잘 놀다 와" 이랬거든요. 근데 그 눈빛을 잊을 수가 없는 거예요. 지금 생각하면은 약간… 그런 거 있잖아요. 못 돌아올 수도 있으니까… 이런 걱정하는 느낌 있잖아요. 그 눈빛이 그랬어요, 그 눈빛이. 그래서 제가 "며칠이면 올 건데 뭘 걱정을 하냐"고 "그때 와서 밥 같이 먹으면 되지" 이랬거든요.

그러고 나서 자고 아침에 가방 들고 가는 거 보고, 뭘 놓고 갔길래 다시 한 번 들렀다가 갔는데 그러고 나서 못 봤는데. 그날 밤에 15일 날, 15일 날… 애들 저녁에 버스 타고 가잖아요. 근데 '이제는 인천 갔겠구나' 하고 있었는데, 그날 밤에 청소를 했어요. 청소를 하다가 성호 방을 막 치우고 나오는데 저도 모르게 중얼거리는 거 있잖아요. '근데 여기서 나 혼자 살게 되면 어떡하지?' 그냥 저도 모르게 그 말을 하는 거예요. 그래서 내가 '미쳤나 왜 이래' 그러고 이제, 그러고 청소 다하고 그날 밤에 잘려고 누웠는데 잠이 안 오는 거예요. 그래서 다시 누웠다가 잘려고 다시 누웠다가 갑자기 제가 일어나 가지고 기도를 하고 있는 거예요, 혼자. "제가 성호한테 잘못했으니까… 수학여행 갔다가 무사히만 돌아오게 해달라"고(울음). 진짜로… 제가 잘못했다고, 성호 갔다 오면 제가 잘하겠다고 무사히만 잘 갔다 오게 해달라고 저도 모르게 기도를 하고 있는 거예요. 이 기도를 안 하면 잠이 안 오겠다 싶어서 기도를 하고 반성을 하고 잘못했다고 그러고 있는 거예요. '내가 왜 이러지' 이러다가 잠이 들었어요. 잠이 들었는데 자다 깨다 자다 깨다 잠을 다 못 잤거든요. 잠이… 자다 깨다 설쳤어요.

그다음 날, 저녁에도 약속이 있었지만, 오전에는 이제 셀 모임 [교회의 구역 모임처럼 작은 단위의 모임]이 있어 가지고, 교회에서 이렇게 하는 모임이 있어 가지고 거기를 아침 일찍 가게 됐는데, 제가 그전에는 눈뜨자마자 TV를 틀어요. 뉴스를 틀어놓고 그래요. 근데 그날은 잠을 선잠 자고 설쳤는데도 뉴스를 안 틀어놓고 TV도 안 본 거예요. [성호한테] 아무 소식도 없고 [해서] 전화를 하려다가 '친구들하고 편하게 있게 냅둬야지. 그 전날도 마음에 걸린 게 있으니까 편하게 즐겁게 노는데 내가 전화하면 방해되지' 이러고 전화를 안 했던 거예요. 만약에 제가 전화를 했으면 뭔가 상황이 달라질 수도 있었는데 전화를 안 한 거예요. 그냥 편하게 친구들하고 있으라고.

그러고 있다 보니까 그때 10시에 모임이었는데 [셀 모임에 있는 어떤 사람이] 저를 데리러, 태우러 왔었거든요, 그 사람 중에. 같이 가고 있는데 한 9시 50 몇 분인가, 문자가 오는 거예요. 갑자기 "배가 고장이 나서 애들이 옮겨 타고 있으니까 걱정하지 말라"고 학교에서 문자가 딱 온 거예요. 그래서 "이게 뭐지?" 이러고 셀 모임 하는 집에 도착해서, 거기 TV 잘 안 보는 집이었거든요, 빨리 TV 틀어보라고 잠깐만 빨리 TV 틀어보라고, 나한테 이런 문자가 왔는데 혹시나 몰라서 TV를 틀었었어요. 그랬더니 배가 이렇게… 넘어가고 있는 거예요. 저는 그때 처음 안 거거든요. 그래서 진짜 그거는 '아… 정말… 그렇구나'라는 문자라고 생각할 수 있을 정도로 그렇게 보내온 거예요, 학교에서.

그래서… 배가 뒤집어져 있는 거야(울음), 뒤집어져 가고 있더라구…. "어 이게 뭐지?" 이랬는데 그 배, 자막에 "단원고 아이들 수학여행 가는 도중에 아이들이 타고 있던 배"라고 이렇게 나오는 거예요. 근데 있다가 1시간 만인가, 구조가 다 됐다고 그러는 거예요. 그래서 그때 막 TV를 보고 나서, 구조됐단 말하기 전에, 어떻게… 있었어요, 어찌할 줄 몰라가지고, 불안해서 어떻게 해야 될지 몰라가지구, 불안하고. 사람들이 전화 오기 시작하는 거예요, 저한테. "너 전화해 봤냐, 연락해 봤냐" [해서] 그랬더니[전화해 봤더니] 연락이 안 돼. 전화가 안 되더라고, 전화가 안 돼요.

그러고 10시 6분인가 7분에 문자가 왔어요, 성호한테. "걱정하지 말라"고 "살아서 갈 테니까 걱정하지 말라"고 이런 문자가 온 거예요. 그래서 또 구조가 됐다니깐, 전파가 잘 안 터지는 이유가 '가까운 섬에 이렇게 애들을 내려놓고 거기 있어서 애들이 전파가 잘 안 터지겠구나' 그런 생각을 한 거예요. 그러다가 계속 또 전화를 했는데 전화를[가] 안 되더라고요. 그래서 또 문자가 왔어요, 전파가 잘 안 터진다고.

면담자 성호한테서?

성호 엄마 어. 그다음부턴 문자 보냈는데 연락이 없어요. "괜찮냐"고 물어봤는데 연락이 없는 거예요. 근데 뉴스에서 다 구조됐다고 하니까, 처음에는 제가 우리나라를 믿고 있었으니까, 무한 신뢰를 하고 있었으니까. 우리 영화도 많이 봤잖아요. 이렇게 뭔가 사고 나면 여러 대가 달려들어서 하는 거, 똑같이 그렇게 하겠거니 하고 생각을 하고 '그렇게 해서 1시간 만에 애들이 다 구조가 됐구나' 이렇게 생각을 했었어요. 그래서 어떻게 우리 신랑이랑 통화가 됐는데 "좀 지켜보자", "어떻게 됐[겠]냐"고 "지켜보자"고 이러다가 나중에 "그러면 학교를 일단 먼저 가보라"고 "일단 구조는 됐다고 그랬지만 그래도 한번 일단 학교를 가보라"고 그래서 "알겠다" 그러고 나서 학교로 출발을 했던 거였어요.

갔는데 분명히 구조됐는데, 학교 갔는데 막 또 우왕좌왕인 거예요. 1층에 거기 행정실에 들어가서 물어보고 이러다가 다시 또 내려가래요. 진도 가는 그 버스가 있으니까 마련해 놨으니까 불안하시니까, 애들 옷 젖었으니까 옷 챙겨가지고 가라고. 난 챙겨온 게 없으니까, 카드 한 장 달랑 들고 온 거예요. '가서 사줘야지' 이러고 카드 한 장만 챙기고 전화기 하나 챙기고 그냥 내려간 거죠. 버스도 여러 사람이 타려고 하니까, 불안하니까 사람들이 줄도 안

서잖아요. 서로 타려고 그래. 그래서 저도 그 셀 모임 언니가 밀어줘 가지고 겨우 버스를 탄 거예요. 근데 나중에는 이게 동시에 출발을 하더라고요. 차 여러 대를 더 불러가지고 동시에 출발을 하더라고요. 일단은 '구조가 되어서 데리러 가면 된다'고 생각하니까 그래도 좀 덜 불안한 마음으로 갔어요.

근데 갑자기 핸드폰에 그게 또 떠돌아다니는 거예요, 생존자 명단. 이런 게 막 떠돌아다니는데 [성호가] 없어요, 구조자 명단[에]. 가다가 한참 가다가 갑자기 이 숫자가 확 바뀌어져 버리는 거예요. 구조자가 몇 명이고 실종자가 더 많아져 버리고, 그다음에 분명히 구조 다 됐다는데 한 명이 벌써 이렇게, 20대 남자[가] 시신으로 떠올라 그게[확인이] 된 거예요. "분명히 다 구조했다는데 그게 무슨 말이냐" 그래서 또 한 번 아저씨한테 빨리 달려달라고 해서 가고. 어찌 됐든 그 버스를 혼자 타고 가는데 이게 뭔가 할 정도로 도착할 때까지 너무너무 불안한 거예요. 어쨌든 진도체육관에 도착을 했어요. 근데 일단 밖에 보니까 사람들도 엄청 많고 하튼 간에 똑같은 옷을 입은 사람도 되게 많았어요.

면담자 똑같은 옷이라면.

성호 엄마 그니까 지금 생각해 보면 정보과 사람들이었던 거죠. 우리는 정보과 사람들인지도 모르고 그냥 뭐 '직원이거나 이런 사람들이겠지'라고 생각을 했던 거고. 인제 밖에 나가 그 흰색에다가 쓰는 거 있잖아요.

면담자 화이트보드요.

성호 엄마 어. 거기에다가 명단을 막 써놓은 거예요. 그래서 [그거 보러] 갔는데 이름이 없더라고요. 분명히 애들 들어왔다고 그러는데 체육관에 갔는데, 어… 애들이 오긴 왔어요. 애들이 오긴 왔는데, 이렇게 담요 덮고 있더라고요. 막 찾았어요, 근데 찾았는데 없어. 반 선생님 얼굴은 한 번도 못 봤으니까, 저는 통화만 하고 그냥 문자만 주고받았거든요. 그래서 여학생들 틈에 가봤는데, 선생님이 분명 거기 있었는데 제가 못 알아본 거였던 거죠. 여학생들하고 같이 있었는데, 선생님인 줄 모르고 학생이라고 생각하고 못 알아봤던 거죠. 그러고 나다가[나서] 좀 있다가 갑자기 구조된 사람들은 안정을 취해야 되니까 빨리 고대병원으로 옮긴다고 다 데리고 갔어요.

그다음부터는 그냥 가족들만 남아 있는 거, 가족들만 남아 있었어요. 그래서 사람들이 진도체육관에다 갑자기 막… 은박지 그걸로 깔고 하더라고요. 자리를 잡고 막 그래요. 그러다가, 고대병원으로 애들이 가고 난 뒤였는지 [모르겠는데], 체육관에 있으면 안 되겠다 싶어서 팽목으로 배가 들어온다 그러니깐 사람들이 일제히 팽목으로 가는 거 같애요. 어찌 됐든 거기서 또 아시는 분을 만나가지고 같이 타고, 차를 타고 같이 팽목으로 갔던 거 같아요. 팽목 가는 길도 되게 멀었던 거 같아요. 그래서 계속 거기 팽목에서 있었는데, 배가 들어온다 그러는데 배는 안 들어오고 거기서 계속 바다만 쳐다보고 있는 거예요, 사람들이. 날씨는 되게 좋은데 애들은 안 오고. 그래도 다른 사람들은 다 가족들하고 온 거예요. 근데 저 혼자서 거기 가서 계속 있는데 '난 어떻게 해야 되지, 난 어떻게 해야 되지?' 애는 안 오고.

그러다가 시간이 지나서 어두워지더라고요. 어두워지면서 또 추워지기 시작했어요. 그래서 사람들이 담요를 하나씩 갔다 줘요. 그래서 그걸 하고 있었는데, 밤 되니까 사람들이 점점 많이 모여지잖아요. 그래서 이렇게 서 있는데 내 옆에서 어떤 두 사람이서 얘기를 하고 있는데 둘이서 얘길 하는 걸, 제가[제게] 들리는 거예요. 근데 두 사람이서 "혹시 사람들이, 부모님들이, 가족들이 물어보면 배에서 타고 올 거니까, 배에서 타고 온다고 얘기를 하라"고, 그랬더니 그 상대방에서 "그럼 진짜로 배가 애들을 태우고 오냐"고 그랬더니 "안 온다"고 "그냥 배만 올 거"라고. 근데 사람들한테는 그렇게 얘기를 하라고 얘기를 하는 거예요. 아니, 내가 이거 잘못 들었나 싶어서 제가 그 사람한테 물어봤어요. "지금 애들 오고 들어오고 있냐"고 그랬더니 들어오고 있대요. "어디쯤 왔냐"고 그랬더니 지금 오고 있는 중이래요. 근데 "내가 옆에서 들었을 때는 빈 배로 온다고 말씀하셨는데 지금 저한테 말씀하신 거라[거와] 다른데 뭐냐"고 그랬더니 그냥 자리를 피하고 도망가는 거예요, 그 사람 둘이.

면담자 남자 둘이.

성호 엄마 응, 남자 둘이었어요. 그래서 그때 '어, 이게 뭐지, 이게 뭐지?' 이러다가 그건 그냥 잊고 있었는데, 무슨 또 정치인인가 왔나 봐요. 갑자기 기자들이 몰려들면서 반짝반짝 이렇게 카메라 후래쉬[플래시]가 막 터지는 거예요. 그때 안철수하고 그 김한길인가, 그 사람이 왔었어요. 잠시나마 이렇게 안도감이 생기는 거예요. '아, 저 사람들이 뭔가를 얘기하고 가겠구나, 하겠구나. 그래서 좀 괜찮아질 수도 있겠구나. 상황이 나아질 수도 있겠구나' 생각을 했는데, 사람들이 아무 말도 안 하고 사진만 찍고 가는 거예요, 그냥(한숨).

그러고 있으니까 우리 신랑 회사, 그 순천에 계시던 분들이 왔더라고요. 성호 아빠는 지금 비행기 표 알아봐 가지고 비행기 표가 당장 올 게 없어서 밤에, 밤늦게 출발하는 거밖에 없어서 내일 아침에 올 거라고. 내일 아침에, 점심때쯤 도착할 거라고 얘기를 하는 거예요. "응, 알겠다"고 얘기하고, 그러고 나니까 우리 가족들이 친정에서도 오고 이렇게 오더라고요. 한 명씩 만나서 "여기서는 기다리지 말고 팽목에서 너무 추우니까, 와도 체육관으로 올 거니까 체육관 가서 기다리라"고, 부모님들 기다리라고 그래서 체육관으로 일단 간 거예요. 근데 내가 이 두 사람이 얘기했던 거를, 그게 나중에야 또 생각이 나는 거예요, 그때는 또 생각 안 나다가.

면담자 정신이 없으시니까.

성호 엄마 어. 그래서 그걸 또 까맣게 잊어버리고 애들이 그냥 올 줄만 알았어요. 그리고 나서 체육관에 갔는데 사람들이 자리를 잡기 시작하는 거예요, 밤을 새야 되니까. 하여튼 간에 거기에 진짜 막 우왕좌왕에다가 기자들은 엄청 많았고 똑같은 옷 입은 사람도 많았고, 그리고 여러 사람들이 진짜 많이 왔다 갔다 하는데 가족인지 제가 어떻게 알아요, 관심도 없고. 그래서 하여튼 간에 그렇게 많은 사람들이 거기 오기 시작한 거예요. 계속 들어오기 시작하구 그래서 일단 자리는 잡아야겠다 싶어서 있었는데, 그때부터 버스 타고 내려왔을 때부터 제가 한 끼도 안 먹었으니까 우리 아버님은 와가지고 계속 먹을 걸 갖다 주시는 거예요. 싫다고 안 먹어도 된다고 필요 없다고 그랬더니, 아버님은 제가 걱정이 되니까 계속 먹을 거 갖다 주는 거예요. 이렇게 있다 보니까 한 명씩 한 명씩 제가 아는 사람들이 와요. 친구들도 오고 아는 사람들이 하나씩 오더라고. 그때부터 조금씩 제가 안정이 되더라고요, 안심이 되더라고요. 그러고 있는 찰나에 그날 밤에 제가 링거를 맞고 있었거든요. 그날 밤엔가, 링거를 맞고 있었는데…

면담자 체육관에서.

성호 엄마 네. 어떻게 아침에 눈을 떴는데, 눈을 떴는데도 제가 링거를 맞고 있었어요. 그러고 그다음부터는 일어날 기운이 없는 거예요. 진짜 일어날 기운이 없는 거예요. 그러다가 우리 신랑이 왔더라고요. 오후 되니까 한 점심때쯤 되니까 왔어요. (울먹이며) 그때 되니까 이제 우리 신랑한테… "성호 좀 찾아오라"고 우리 신랑한테 애걸복걸한 거 같아요. "성호 좀 찾아오라"고… 그랬던 거 같아요. 그래서 그때부터 성호 아빠가 팽목에 왔다 갔다 하기 시작한 거 같아요. 그다음 날은 또 너무 추운 거예요, 바람 불고. 계속 왔다 갔다 했는데 또 그다음 날은 기억이 안 나는 거예요. 기억이 안 나다가 한 이틀째 밤에 제가 계속 링거를 맞고 있었나 봐요.

이틀째 밤에 제가 꿈을 꿨는데, 성호가 집에 싱크대 앞에서 접시에다가 계란말이를 먹으면서 이렇게 환하게 웃는 거예요. "엄마, 계란말이 맛있다" 이러면서 활짝 웃는데 뒤에서 뭔가 이렇게 환하게 비치는 거 있잖아요. 빛이 뒤에서 비치는 거예요. '어, 성호다' 이러면서 너무 좋아서 있는데, 근데 꿈이 다시 연결이 됐어요. 근데 성호가 물 위에서 엎드려서 둥둥 떠다니는 거야(울음). 그 꿈, 바로 그 꿈 다음에 연결되는 꿈이 성호가 엎드린 상태에서 물 위에서 떠다니는 거예요. 어우, 그거 보고 아니라고 다시 꿈을 깨가지고 아니라고 하고 울었던 거예요.

그러다가 3일째 되던 날 성호 아빠가 팽목에 갔다 오더니 "이제 아무도 못 올 거 같애" 이러더라고요. "왜?" 이랬더니 "바닷물이 너무 차서 아이들이 살 수가 없어. 한 명도 못 나올 거 같애" 이런 얘길 하는 거예요. "자기 그런 말 하지 말라"고, "다른 애들은 통화했다고 그러는데… 살아 있는 거 아니냐" 그랬더니(울음) "아니"라고 "못 돌아올 거 같다"고 "한 명도, 살아서 나오는 애들은 한 명도 없을 거 같다" 이렇게 얘기를 하는 거예요. 근데 그것도 안 믿었었는데 그 셀 모임에서 아시는 분 남편이 잠수… 잠수 이렇게 봉사하러 오셨는데, 우리 신랑 말 끝나기 무섭게 오시는 거예요. (울먹이며)

그랬더니 저를 부르더라고, "마음의 준비를 해야 될 거 같다"고. "왜요?" 이랬더니 들어가 봤는데, 다… 애들이 둥둥 떠다닌대요. 어떻게 할 수가 없을 거 같대(울음). 그래서 그다음 날부터 포기를 한 거 같아요, 저는 살아오는 거를.

그다음 날, 그날 꿈도 그렇게 꾸고 또 그렇게 말씀을 하시니까 처음에는 시신이 나올 때, 한 명씩 이렇게 나올 때 자기 애가 아니길 바랐었어요. 내 아이는 분명히 살아올 거라고 했는데, 자기 애는 분명히 아닐 거라고 생각을 하고 아니기만 바랐어요. 근데 3일째 지나고 나서부터는 '내 아이였으면' 하는 게 자꾸 기다려지는 거예요. 그래서 성호 아빠가 "어떤 아이가 나왔다" 그러면 팽목에서 아예 다 검사를 하고 다녔어요. 발만 보고 다닌 거예요, 발만 보고 다니고. 저는 진도체육관에 계속 있고 성호 아빠는 왔다 갔다 하고 그런 상황이었던 거예요. 그다음부터는 포기를 하니까 '그냥 빨리 나와서 데리고 갔으면 좋겠다' 이런 생각이 들더라고. '나 이 체육관에서만 벗어났으면 좋겠다'라는 생각이 드는 거예요(울음).

그러고 한번은, 그렇게 지냈는데 그다음부터는 시신이 계속 몇 구씩 나오더라고요. 나오고 확인하고 그러다가 나중에는 너무 기다리다가 부모들이 기다리다가 안 되니까, "그냥 이러고만 있으면 안 된다, 우리가 뭔가라도 해야 된다. 그래야지 꺼내줄 거 아니냐, 응?" 그래서 "밖에 사람들은 모르는 거 같다. 그래서 알려야 되겠다" 해서 "우리가 청와대로 가자" 이러더라고요. 그래서 그때 성호 아빠가 청와대에 자기가 갔다 오겠다고 그래서 알겠다고 갔다 오라고 해서 보냈어요.

근데 내려가는[데], 체육관에서 이 말이 나오는 동시에, 체육관 내려가는 언덕에서 조금 떨어진 그 길에서 경찰이 다 진을 치고 있는 거예요. 그래서 사람들이 저기 진을 치고 있어서 도움을 청하러 온 거였어요, 체육관에 사람들한테. "거기 막혀 있어서 못 간다, 좀 도와달라" 그래서 링거한 거 빼고 갔어요. 가가지고 가 있는데 막혀 있더라고요. 비키라고, 막 밀고 하는 사이에, 그때 무슨 정 총리[인]가 그 사람이 와가지고 뭔가를 얘기하는 도중에 "너 이제 믿을 거 없다, 믿을 수 없다. 필요 없다" 이래서 "우리가 청와대로 가겠다" 해서 버스 하나를 마련해 놨다 그러더라고. 그래서 뚫어줬어요. 그 길부터 걷기 시작한 거죠.

근데 버스를 탔는데 운전사가 없어요. 운전사를 또 빼돌린 거지. 그러고 다른 사람을 투입해 가지고 돌리게끔 만들고. 그래서 "다 내려라" 이래서 "안 되겠다. 걸어가야 되겠다" 그래서 걸어갔어요. 그래서 그 밤중에 무조건 그냥 걸었던 거 같아요. 어떤 정신으로 걸었는지 모르겠어요. 그래서 내내 걸었는데 내내 걷다가 중간에 쓰러져 가지고 앰뷸런스 타고 가는 사람도 있었고, 어쨌든 진도대교를 가게 된 거예요. 마을 지나서 갔는데 어쨌든 밤새 걸어서 갔어요.

밤새 걸어서 가가지구 또 가니까 거기 벌써 경찰들이 다리 가기 전에 줄을 서서 막고 있더라고. 그래서 그 사람들이 무슨 힘이 있겠어요. 근데 힘이 생기더라고요, 이걸 뚫어야 되겠다는 힘이 생기더라고. 그래서 이 악물고 뚫었어요, 어쨌든. 이 악물고 뚫었는데 정말 그때 몸싸움 많이 했던 거 같아요, 온 힘을 다해서 정말. 그때부터 싸움이 시작된 거 같애. 그랬는데 거기서 뭔가 합의를 하자는 식으로 사람들 앉혀놓고 뭔가 얘기를 했던 거 같아요.

그래서 기다리다가 갑자기 성호가…, 성호랑 비슷한 아이가 나온 거 같다고. "주머니에 뭔가 있던 쪽지가, 옛날에 순천에서 외출증 끊었던 그런 쪽지가 나온 거 같은데 혹시 성호 아니냐" 그래서 "어디 병원으로 올 거니까 거기 가 있으라" 그러더라고요. 그래서 거기 있다가 바로 우리는 갔어요. 병원으로 갔는데 근데 또 이 병원이 아니고 다른 병원인 거야. 그래서 또 다른 병원을 갔는데 애가 안 오는 거예요. 그래서 전화해 봤더니 아직 팽목에 있다는 거예요, 애가. 그래서 거기 확인해 주는 사람도 어떻게 확인을 하냐면, 자세히 확인도 안 하고, 어떤 상태로 있었으며 그런 얘기를 다 해줘야 되는 거잖아요. 근데 그 쪽지 하나만으로 그렇게 하는 거예요.

그래서 제가 다시 전화를 해서 "그럼 혹시 애가 이런 옷을 입고 이런 색의 청바지를 입었냐" 그랬더니 "성호 맞다고 빨리 보내주시라"고 그랬더니 기다리고 있었는데 앰뷸런스가 한 대 들어오는데 성혼 줄 알았는데 다른 아이더라고요. 그래서 있다가 그다음에 성호가 왔어요. 그 전에 확인을 제대로 안 해서 애들이 몇 번 바뀌었잖아요. 그다음부터는 애들을 하루, 유전자 검사한다고 애들을 하루 동안을 묶이게 만들고 못 가게 하는 거예요. 분명히 내 아이가 맞는데 안 보내주는 거예요. 그래서 난리쳐 가지고 그 사람들 앉으라 그러고 어떻게 했나 봐요, 성호 아빠가.

저는 기억이 없는데 위에 올라가 있으라고 보내줄 준비를 해줄 테니까 올라가 있으라고. 그래서 병원으로 응급실로 올라왔는데, 저한테 무슨 안정제를 놨나 봐요. 주사약이 들어가고 그다음부터는 하나도 기억이 안 나는 거예요. 깨보니까 내가 차를 타고 가고 있더라고요. 성호 아빠가 앰뷸런스에서 같이 타고 오고 있고 나는 친구 차를 타고 서울, 안산으로 올라오고 있더라고. 내내 정신을 못 차렸어요. 진도체육관 내려가서부터 해서 성호 장례 치를 때도 그렇고 지금 생각하면 그냥 제정신이 아니었던 거 같아요. 제정신이 아니고, 슬퍼할 겨를도 없이 그냥… 황당함 속에서 보낸 거 같아요.

성호 보내고 나니까 그다음부터는 장례를 다 치르고 나니까 '이게 진짜로 내 일이구나'라는 게 느껴지는 거예요. 그러고 나서 장례 치르고 며칠을 잔 거 같아요, 집에서. 그리고 저는 진짜 이게 사고인 줄만 알았어요. 그래서 '이제는 끝났구나, 어… 이제는 살아서 돌아올 수 없겠구나' 이런 생각 했을 때 진도에서, 이런 생각도 드는 거예요. '애들이 나올 때마다, 내 아이가 아닐 때 내가 마지막이 되면 난 어떡하지' 이런 걱정…(한숨).

대통령이 왔을 때도 대통령 보내지 말라고, 애들 꺼내줄 때까지 보내지 말라고 잡고 있어야 된다고 난리를 쳤는데(한숨) 그냥 대통령 보내고. 대통령이 가고 나니까 깔개가 달라지고 TV가 생기고 진짜 다른 세상 같았어요. 진도체육관에 안에 있는 세상하고 바깥 세상은 너무나 다르고 여기서 취재하는 사람들은 아무도 밖에다가 그런 방송을 내보내지도 않고, 우리는 그것도 모르고 있었고 뭔가를 하고 있는 줄만 알고 있었고. 그냥 황당하다고 해야 되나?

지금 생각하면은 '아 그때 이렇게 할걸, 저렇게 할걸' 이런 생각이 나잖아요. 후회되고 좀 더 잘할걸 이러는데, 그때는 뭘 해야 될지도 모르겠고 어떻게 해야 될지도 모르겠고 우리가 어떻게 할 수도 없는 상황이고 악밖에, 악만 쓴 거 같아요. 소리만 지르고 살려달라고 애원만 하고, 내가 정말 아무것도 할 수가 없구나라고. 지금까지도 느끼지만 그때는 정말 내가 뭔가 아무것도 할 수도 없는 나 자신이 너무너무 싫었어요. 차라리 잠수라도 내가 배웠으면 내가 들어가 가지고 내가 뭔가라도 하고 나올 텐데(한숨) 뭔가 할 수 있는 게 아무것도 없었어요. 그냥 버티고 있는 거밖에.

면담자 어머님, 처음에는 배 사고라고 생각하셨는데 이게 단순히 교통사고가 아니라 사건이구나라는 인식이 든 건 언제쯤이셨어요?

성호 엄마 진도체육관에 있을 때 그냥 사건…, 그러니까… 지금… 순간순간 드는 게 '어, 왜 빨리 안 하지?' 그렇게만 생각만 했을 뿐이지. '어, 원래 영화처럼 그렇게 하는 거 아닌가?' 그냥 막연하게 그렇게 생각만 했을 뿐이지, 그때는 얘네들을 가지고 어떻게 했을 거라는 생각을 하나도 못 했던 거예요. 그런 생각을 아예 못 했고 장례 치르고 나니깐 다 끝난 것만 같았어요. 나는, 우린 다 끝났구나. 근데 나오라고 연락이 막 오는 거예요, 가족들이.

면담자　다른 유가족분들이.

성호 엄마　반에 부모님들이. 그… 나갔는데, 그다음에는… 그냥 이게 단순한 장례를 치르고 난 이후가 아니고 '다른 건가, 아니면은 다 치를 때까지 있어야 되는 건가?' 그때도 사실 솔직히 잘 몰랐어요. 어느 정도까지만도 몰랐는데, 이제 KBS 보도[국장], 그 사람이 [망언을] 했을 때 한 번 부모님들이 갔잖아요. 그때부터 인제 밤샘이 시작됐잖아요, 또다시. 그리고 그 이후로부터도 그렇게 잘 몰랐었어요. 그냥 원래 우리나라가 원래는 이런 거였나? 전 너무 둔했던 거죠. 너무 둔하고 그냥 빨리 끝날 거로만 생각하고 다 끝났다고 생각하고, 왜 그랬을까도 생각을 안 했었고.

근데 하나 둘씩 사람들이, 뭔가 하나씩 하나씩 사람들의 얘기가 나오고 이럴 때, '뭔가 잘못된 거였나?' 아니면 일부러 애들을 그렇게 한 건가? 얘네들이 희생자였나?' 이럴 정도로 그때 서서히 알게 된 거죠. 그리고 외신에서 많이 의문을 갖기 시작한 거예요. 의문을 외신에서, 한국에서가 아니고. 그래서 그때 좀 알게 된 거예요. 그때부터 조금씩 '그런 건가, 진짜로?' 이런 식으로 하나씩 의문을 갖게 된 거죠.

면담자　그런 작업은 다 장례 이후에 시작된 거죠?

성호 엄마　네, 네네.

면담자 그럼 어머니, 그 밤에 진도대교에서 유가족분들이 행진하면서부터 시작된 건데, 그때 정신이 없으셨겠지마는 어떤 심정이셨어요. 차를 타고 가려고 하는데 차를 탈 수 없는 상황이니까 그냥 일단 간다?

성호 엄마 일단 부모들이 어떻게 하자 해서, 일단 애를 꺼내달라고 해야 되니까, 이렇게 하면은 애를 꺼내줄 거 같다는 느낌이 드니까 그냥 걸었던 거예요. 그냥 했던 거예요. 사람들이 이렇게라도 해야 된다라고 하니까 그럼 정말 이러면 애를 꺼내주나 싶어서 무조건 간 거예요, 무작정.

면담자 절박함에.

성호 엄마 네. 그거 하나밖에 없잖아요.

7
아이를 만나던 순간과 장례 절차

면담자 어머님, 진도대교를 막 건너는 와중에 성호 소식을 듣고 부랴부랴 병원에 가셨기 때문에 그 상황이 굉장히 긴박하셨을 것 같은데, 아이를 만나던 그때 어머님의 느낌 같은 거 말씀해 주실 수 있으세요?

성호 엄마 보여줄 때도 잠깐만 기다리라고 닦고 보여주는 거 같았어요. 근데… 안고 싶었는데 못 안게 하는 거예요, 젖어서 상처 난다고 안 된다고, 아이가 젖어서 이렇게 닿으면 상처 나서 안 된다고. 근데 그 모습을 봤을 때, 아이가 감기약 먹고 그냥 자고 있는 듯한 모습, 그냥 자면 그다음 일어날 거 같은 거, 그 모습이었어요. 되게 편안한 모습이었는데 안게 해달라고 안아달라고 그렇게 애원을 했는데 못 안게 하더라고, 손 한 번을 못 만져봤어요(울음). 어찌 됐던 안았어야 됐는데 이런… 생각이 들고, 상처가 난다니까 안을 수도 없고. 그냥 자고 있는 모습이었어요, 그냥(울음). 장례 치를 때도 잘 몰랐거든요. 그… 그걸 잘 몰랐어요. 내가 애를 보낸다 그런 것도 모르고, 그것도 뭔 정신에 했는지도 모르고 그냥 절만 한 기억밖에 안 나고. 마지막에… 성호를 화장시킬 때…(울음)(한숨) '진짜로 돌아올 수 없구나' 이 생각을[이] 그때 들더라고요, 화장시킬 때 진짜…(울음).

면담자 그때가 너무 힘들죠.

성호 엄마 진짜로 돌아올 수 없구나. 이런 그게… 아…(울음) 화장시키고 나서 유골함을 안고 오는데 그게 내 아이 같지도 않고(한숨), 화장시키기 전까지만 해도 아무런 생각이 안 들었고 그냥… 하는 거니깐 하는 거고 그런 거였는데, 그냥… 이제 화장을 한다고 딱 들여보낼 때……(한숨) 이제 두 번 다시 볼 수 없겠구나…. 그때 실감이 많이 나더라고(울음).

8
장례 후 사건 인식과 현재의 감정

면담자 4월 20일에 성호가 나왔는데 장례가 끝나고 나서 어머님께서는 사실상 '그날 일이 어쨌든 끝났구나'라고 생각하고 계셨잖아요. 그런데 반 모임이 시작되고 그런 회의가 시작되고 가족협의회가 생겨나면서, 4·16이 사건화되는 과정을 겪으시면서 그 후에 그런 회의 같은 걸 나가게 되신 건가요?

성호 엄마 네. 저도 처음부터 마찬가지로 나오라니까 나간 거고 어떤 상황인 건가 보려고 나간 거고, 그냥 어떤 상황이기에 우리를 부를까 그것 때문에 나갔던 거 같아요. 그리고 저 사람들하고 우리하고 별로 볼 일이 없을 거라고 생각을 하고 올라왔는데 다시 연락이 오니까 싫은 거예요.

면담자 사실 더 충분히 슬퍼하는 시간을 갖는 게 좋고.

성호 엄마 네.

면담자 그러고 싶은 마음이 드시고.

성호 엄마 응. 그런데다가 14년도에는 되게 정신없이 보냈잖아요. 뭘 어째 됐든 정말 밖으로 뛰어다니기 바빴고 그랬는데, 사람들이 힘들어하면서 우리한테 뭐라고 그러고 막 이러니까. '도대체 우리가 뭘 잘못한 거지, 우리가 뭘 잘못했는데 우리한테 왜 저러지?' 그리고 우리는 그 소리를 들으면서 또 해야 되고…, '우리가 뭘 어쨌길래 우리한테 막 저러지?' 그러면서도 해야 되는 거니까 그렇게 했던 거 같아요.

면담자 일단 오늘 여쭤보려고 하는 질문들은 다 끝났는데요. 혹시 이 내용과 관련해서 덧붙이거나 더 말씀하시고 싶으신 내용이 있으신가요?

성호 엄마 지금 생각을 해보면 진도체육관에서 있었던 일이 가끔씩 생각이 나잖아요. 그러면 우리가 두 번째 날 됐을 때, "어떻게 하면 안 되겠냐"는 의견을 내기도 했었는데, 부모들이. 소문에 이렇게 들려오는 소리가 "우리나라를 도와주려고 했던 나라들이 많았는데 그걸 다 거부했다"는 거예요. 첫날은 날씨도 되게 좋았고, '그때 뭔가 막 움직였으면… 어쨌든 몇 명이라도 더 구하지 않았을까' 이런 생각도 들기도 하고. 설사 못 구했더라도 계속 저렇게 미수습자 가족들이 남아 있진 않았을 거란 생각이 드는 거예요. 그러고 살려달라는 것도 아니고 이제는 꺼내달라고 하는데도 안 꺼내주니까. 진도체육관에서는 그냥 악몽이었던 거 같아요. 그 많은 사람들을 처음 봤고, 살면서 계속 많은 사람들을 보게 되고, '나는 언제쯤 여기서 벗어나고… 벗어날까' 이런… 거[생각이] 들고. 갈수록 이게 사람이, 저는 그래요. 막연한 생각밖에 안 들어요. 지금은 그냥 도피하고 싶은 게 제일 마음이 커요.

면담자 요즘은?

성호 엄마 가족들한테 연락 오는 것도 싫고, 내가 거기에 소속 돼 있다는 것도 싫고, '우리 아들은 잘 지내고 있는데 왜 저러지' 이런 착각에 가끔씩 빠지기도 하고, '이걸 왜 다 우리가 해야 되지' 그런 것도 들고. 우리는 전문가도 아닌데…, 그냥 어떨 때는 '아… 너무 고되다'라는 게 그냥… 미안함 가질 시간… 조차 없는, 그런 거 같아요. 어떤 사람들은 우리가 부럽대요.

면담자　미수습… 가족?

성호 엄마　일반 사람들이, 어떤 사람들은 우리가 부럽대요(울음).

면담자　그런 말 직접 들은 적 있으신 거예요?

성호 엄마　아니요. 그냥 들리더라고. 누가 그랬, 어떤 사람이 그랬다 이런 거를 들려서 들렸는데, 그냥 가만히 앉아 있어도 듣고 싶지 않은 얘기가 다 들리니까. 아마 진짜로 이게, 지금도 떠나고 싶은 마음이 굴뚝 같지만… 그 일, 우리가 성호를 보내고 나서 '우리가 어떻게 살았을까, 만약에 이게 아니었더라도, 우리는 어떻게 살고 있을까, 지금. 어떻게 살고 있고 어떻게 지내고 있고 내가 지금 세상에 있을까…' 이런 생각도 들고. 그래서… 처음 한… 2년… 지나고 작년부터는 일반 사람에 속하고 싶어서 그렇게 애를 썼던 거 같아요. '나는 아니야, 나는 여기 속해 있는 사람이 아니야' [이러면서].

면담자　마음으로.

성호 엄마　응. 그리고 일반 사람을 만나려고 했던 거 같기도 하고. 그니깐 이게 일반 사람[하고] 이렇게 분리가 됐잖아요. 생각에… '나도 일반 사람인데 왜 나를 그렇게 생각하게 만들었을까. 그리고 우리가 특별한 사람이 아닌데. 그리고 이렇게 사는 게 맞는 건가' 싶기도 하고. 그런 생각이 요즘에는 하루에 12번도 많이 들어요. 그냥 눈뜨면…, 자잖아요? 그냥 낼 아침에 눈떠지면 '아, 살아 있구나' 그런 거고, 눈 감으면 '이렇게 자다가도, 자다가 갔으면 좋겠다' 이런 생각 들고.

다른 사람들이, 가족들도 혼자였던 애들도 있지만 동생들도 있고, 있던 애들 많잖아요. 그냥 그 얘기를 스스럼없이 내가 듣고 있을 때…, 그 사람들도 힘들겠지만 그래도 그 사람들은… 내가 만약 잘못 살았다면 만회할 기회라도 있으니까, 주어졌으니까 좋겠다…. 똑같이 겪고 있었던 사람들이긴 하지만 그래도 그 사람들은 기회가 한 번 더 있으니까 부럽다. 그래서 어떨 때는 듣고 있다가 좋기도 할 때도 있지만, 듣고 있을 때 되게 [성호가] 생각나서 막 힘들 때가 많아요. '내가 여기 계속 있어야 되나' 싶기도 하고, 그래도 동생들이나 형이나 있으면 걔네가 어떻게 살기를 바라는 바람이 있으니까. 그래도 '내가 뭔가를 하면서 살아야지'라는 그건 있잖아요. 그냥 저는… '하루하루 살다가 그냥 갔으면 좋겠다' 이런 생각이 많이 들어요. 그래서 '하루하루 그냥 즐겁게 살다 갔으면 좋겠다. 내일은 없고 나는 오늘만 있을 뿐이다'.

그래서 진상 규명도 해야 되고 이런 과제도 많이 남았는데, 정말 그게 중요한 일인데, 저한테는 그렇게 중요하게 다가오지가 않는 거예요. 그냥 '도대체 뭘 위해서 저렇게 진상 규명을 해야 하는 거지, 뭘 위해서 저렇게 죽어라고 그렇게 덤벼들어야 되는 거지, 한편으로는 내 맘 편하자고 저렇게 덤벼들고 하는 거 아닌가?' '애들 억울함 풀어주겠다는 것도 있겠지만… 도대체 뭘 위해서 해야 되는 거지?' 이럴 때가… 이렇게 혼돈이 오기 시작해요. '그냥 이렇게 사는 게 맞는 걸까?' 죽을 때까지 이렇게 힘들게 살고 싶진 않은 거 같애(울음).

그래서 제가 활동도 안 하고 집에 있는 게, 집에 있으면 아무 생각 안 해도 되니까. 그러면 집에 있다가도 이렇게 생각하다가도, 또… 자기 일도, 솔직히 자기 일도 아닌데 하는 사람들 되게 많잖아요. 그 사람들 보면 또 미안해지기도 하고 부끄러워지기도 하고 '내가 또 잘못된 생각을 했나?' 그렇기도 하고, 계속 그거예요. 해야 하는 건 맞지만(한숨), '언제까지 이렇게 해서 해야 될까 이게… 언제까지 이렇게 살아야 되나' 이런 생각 들고.(침묵) '내가 만약에 성호 동생이 있었으면, 아마 미친 듯이 뛰어다녔을까?' 이런 생각도 해보고. 솔직히 이 나라를 바로잡아야 하는 것도 맞고 다 맞는데, 요즘에는 계속 의문이 계속 많이 들어요.

면담자 오늘은 여기까지 하고요. 어머니 오늘 고생 많으셨습니다.

2회차

2017년 3월 7일

1 시작 인사말

2 세월호 투쟁 과정 중 기억에 남는 세 가지

3 집회, 투쟁 이후 겪은 심리적 문제

4 투쟁 활동과 거리 두며 하게 된 생각들

5 '유가족'이란 틀의 바깥에서

6 '5인방' 친구들과 성호 친구들의 인연

7 죽음을 밀어내려는 사람들에 대한 반감

8 간디학교에서의 간담회와 '성호 책장' 기증

9 종교생활 중단

10 세월호로 알게 된 사회의 어두운 단면

11 내가 할 수 있는 작은 활동

12 새로운 꿈

13 삶에 대한 태도의 변화

1
시작 인사말

면담자　　본 구술증언은 4·16 사건에 대한 참여자들의 경험과 기억을 기록으로 남김으로써 이후 진상 규명 및 역사 기술에 기여하고자 합니다. 지금부터 엄소영 씨의 증언을 시작하겠습니다. 오늘은 2017년 3월 7일이며, 장소는 안산시 단원구 세승빌라입니다. 면담자는 이영롱이며, 촬영자는 김솔입니다.

2
세월호 투쟁 과정 중 기억에 남는 세 가지

면담자　　오늘은 이제까지의 활동, 투쟁 기간에 대해 주로 여쭤보려 하는데요. 가족협의회에서 했었던 공식적인 활동뿐만 아니라 어머님께서 소중하게 생각하시는, 개인적으로 하고 계시는 활동들에 대해서 주로 여쭤보려 합니다. 곧 4·16이 발생한 지 3년이 가까워지고 있기 때문에, 사건 사건마다 기억이 잘 나지 않으시는 부분도 있으실 거 같아요. 그래서 저희 구술팀에서 3년간의 활동을 시기별로 정리를 했어요. 편하게 '이런 시기에 이런 일을 했었구나' 하는 생각으로 들어봐 주세요.

먼저 2014년도 5월부터 기록을 해왔는데요. 지난주에도 말씀해 주신 것처럼 KBS 항의 방문으로 세월호 투쟁이 시작된 거라고 할 수 있을 텐데요. 그게 5월 8, 9일에 있었네요. 그리고 5월 말에는 국회에서 국정조사 요구하는 2박 3일 농성 집회가 있었고, 국민 서명운동이 이뤄지기 시작한 것이 6월부터. 전국적으로 버스를 타고 다니시면서 가족들이 같이 거리 서명 활동이 있었구요. 7월에는 특별법 제정 촉구에 대한 집중이 시작되고, 국회 농성이나 청원 활동이 같이 있었구요. 7월까지 특별법 제정 촉구에 대한 활동 있었고, 8월 15일엔 교황님이 방문하셨네요. 그리고 8월 말부턴 청운동에서 농성을 시작하셨구요.

2015년도 1월에는 2월까지, 안산에서 팽목까지의 20일 여정의 도보 행진. 그리고 4월에는 2차 삭발식 이후에 1박 2일로 아이들의 영정 사진을 들고 광화문까지 도보 행진하는 투쟁도 있었구요. 1주기가 되는 2015년 4월 16일에는 시행령 폐기를 요구하면서 광화문에서 연좌 농성. 그리고 시행령 폐기 집회를 4월부터 시작하시고 5월까지 시행령 폐기 위한 투쟁 활동 있었구요. 9월부턴 동거차도에서 반별로 돌아가시면서, 지금까지도 하고 계시고. 10월에는 단원고 교실 존치를 위한 교육청 피케팅이나 학교에서의 투쟁.

성호 엄마　　이렇게 많이 했어요?

면담자　　네(웃음). 하나하나 열거를 하면 정말 이렇게 많았나 하는데요. 2015년 말에는 백남기 농민 사건이 있으면서 민중 총궐기 대회로 백남기 농민 투쟁과 세월호 투쟁이 같이 이뤄지기 시작한 것이 11월, 지금까지도 이뤄지고 있구요.

2016년 최근의 것을 기억을 해보면 1월 10일에 겨울방학식, 2016년 4월 16일에는 2주기 기억식 및 범국민 촛불 문화제 있었구요. 그리고 5월에는 희생 학생들의 제적 복귀를 위한 농성, 9일부터 15일까지. 8월에는 기억교실에서의 기록물을 정리하는 시기. 그 외에도, 이것은 상시적으로 이뤄졌던 것인데 간담회. 간담회나 영화들이 상영되면서 그 영화와 같이 가족과의 대화 같은 행사들도 있었고 안산 주요 동에서 매주 금요일마다 선전전이 있고. 그리고 광주법원에 다 같이 가셔서 청문회나 재판 과정 보시고 최근엔 청문회 참관, 특조위[4·16 세월호참사 특별조사위원회]도 있었고. 유럽, 미국, 일본 해외 지역 방문 일정도. 얘길 하다 보니까 엄청 거대한 일정이었다는 생각이 드는데요.

성호 엄마 진짜 많네요.

면담자 어머님께서도 여기 열거된 것이 아니라도 14년도에 기억에 남는 사건 세 가지 정도 꼽아주실 수 있을까요?

성호 엄마 사건 세 가지?(침묵) 첫 번째는 사고 났을 때, 그 사건이 일어나고 나서 처음으로 진도대교를 걸었다는 거고. 그런데 지금 생각하면은 못 걸을 거 같은데 그땐 어떻게 걸었는지 모르겠고…, 두 번째는, 제 경험으로 간담회 다닐 때가 참 많이 힘들었고. 아무것도 모르는 상태에서 그냥 무작정 뛰어들어서 시작한 거잖아요. 그냥 가서 알려야 되겠다는…, 가족들이 할 수 있는 게 그거밖에 없으니까. 모르는 사람한테 알려야 되겠다는 것 때문에 목숨 걸고 했던 거 같아. 하루에 네 개씩, 전라도 갔다가 경상도 갔다가 이런 식으로. 그러니까 이것도 지금 와서 생각해 보면 내가 이걸 어떻게 했을까 할 정도로 진짜 너무 많이…. 목포에서 그렇게 눈이 많이 내렸는데도 앞이 하나도 안 보였어요. 잘못하면 죽을 수 있는 거잖아요.

면담자 차에서요?

성호 엄마 응, 응. 목포에서 그렇게 많은 눈이 내렸는데, 앞에서 차가 안 보일 정도로. 어떻게 언제 부딪칠지 모를 상황에서 거기를 시간 맞춰서 가야 한다는 그거 하나만으로 움직였던 게. 그냥… 무조건 어찌 됐든 알려야겠다는 목적이 있었으니까, 그거를…. '우린 길거리에서 죽을 수 있겠다'는 생각을 많이 했었어요, 가족들이.

면담자 사고가 나가지고?

성호 엄마 어. '우리 이러다가 사고로 죽을 수도 있겠다' 생각을 많이 했었어요, 워낙 일정이 많아 가지고. 그리고 안 가면 안 되는 거였잖아요. 그나마 이거라도 했으니, 알렸으니까 이렇게… 왔던 거 같고. 그다음에 세 번째는 살수차가 와가지고 물대포를 쐈을 때, 나 그때가 너무 무서웠어요….

면담자 혹시 그때가 언제쯤이었을까요?

성호 엄마 그때… 아마, 가을.

면담자 2014년 가을.

성호 엄마 한창 쏠 때가 언제였죠?

면담자 15년인가?

3
집회, 투쟁 이후 겪은 심리적 문제

성호 엄마 15년돈가, 암튼 간에 언제부턴가 매 집회 때마다 살수차가 등장하기 시작하더니 계속 쏘기 시작했어요. 그래서 백남기 어르신 사건이 터진 거잖아요. 그때 경찰들하고 이렇게 대치를 하는데, 그땐 정말 분노밖에 없었어요. 얘네들이, 얘네들도 죄가 없는 애들이잖아요, 경찰들도. 죄가 없는 사람들인데, 우리가 아무것도 안 하고 서 있었는데도 그냥 막아버리고, 그런 거 자체도 너무너무 화가 나고. 그리고 우리가 있는 데에서 이 사람들이 일부러 약을 올리기 시작하는데 그거에 분노가 일어나고. 그때는 거의 다 분노였어요. 이제는 뭐, 어떻게든 평화의 집회를 하고 있지만, 그때는 진짜… 내 손에 뭐라도 쥐어져 있으면 다… 죽이고 싶은 그 정도였어서. 음… 그냥 우리를 가로막는 사람들이라면 누구나 다 죽이고 싶었던 그런 마음이었던 [거 같아요], 저는.

그런데 그런 것도 꾹꾹 참고 버텨야 했던 거는… 일단은 앞으로 우리가 더 나아가야 하기 때문에, 그리고 또 지금 말고 또 다른 일을 앞으로 진행을 해야 하잖아요. 그리고 우리가 유가족이라는 이유로 함부로 활동을 못하기 때문에, 그 이유가 제일 크지만, 그래서 무지막지 인내심이 많이 필요했던 거 같아요. 그런데 진짜 이런 일 있으면서도 내가 어떻게 분노를 표출할 수도 없는 이 자체가… 너무너무 힘들었어요.

이 분노가 일어나기 전에는 간담회 다니면서 많이 울기도 했고, 일단은 좋은 사람들도 많이 만났고. 특히 아이들을 많이 만났던 거 같아요. 그래도 살면서, 간담회를 하면서 힘들게 하는 사람도 있긴 했지만 그래도 세상에는 좋은 사람들이 더 많단 생각이 들었어요. 그래서 아마 지금도 버티지 않을까. 그런 작은 희망, 그게 아마 큰 희망일 수도 있어요, 그쵸? 그게 작은 희망일 거 같지만 큰 희망…일 거 같기도 하고, 나한테는. 그래서 제가 2016년부터는 성호 아빠가 아프기 시작하고부터는 활동을 잘 안 했어요. 그리고 그전에는 16년도 1월 달인가, 그때 성호 아빠가 미국 갔을 때는 제가 동거차도에 가 있었고. 그러고 제가 적극적으로 했던 거는 그게 아마 마지막이었지 않나….

그리고 가끔씩 그때부터 대인기피증이 왔어요, 동거차도 지나고 나서. 원래는 그전, 15년, 맞나? 15년 12월 달인가. 그때부터 뭔가 오기 시작했는데 동거차도 갔다 오고 나서 그리고 약간 집에서 쉬기 시작하면서 그때부터 대인기피라고 해야 하나… 그냥 사람들이 무서웠어요. 처음에는 일반 사람들이, 우리가 아닌, 우리랑 마음을 나눈 사람들이 아니고… 지나가다가 툭툭 [말을] 던지는 그런 사람들이 무서웠어요, 말하는 게. 그리고 지나가면서, 지날수록 '우리가 뭔가 잘못하고 있는 건가, 우리가 죄인… 죄인인가?' 싶을 정도로.

그때는 우리 유가족이 뭔가 많이 잘못하고 있다는 걸로 밀어붙이기 시작했던 시기였잖아요. 그래서 '나 분명히 잘하고 있어' 하면서도 그런 소리 들을 때면 '내가 내 아들도 못 지켰는데 내가 잘못했네, 뭘 하고 있는 거지' 이런… 후회, 자책감을 갖게 할 정도로. '내가 정말 잘못 생활하고 있는 건가' 이런 혼돈이 오기 시작했어요. 그러고 나서… 가끔씩 우리 도와주시는 분들도, 꾸준히 하시는 분들도 있지만 상처 받아서 가시는 분들도 있고. 뭔가 서로 상처가 되는 것도 있잖아요. 그러니까 또 거기서도 느껴지는, 거기에서 오는… 두려움, 그런 거.

그리고 세 번째는 같은 아픔을 가진 사람들 그 사이에서… 벌어지는 것들, 느껴지는 것들 이런 거. 다 이런 게 종합적으로 사람 자체를 만나기 싫어하는 그게 [원인이] 되더라구요. 그래서 그전에는 아무도 뭣도 몰랐을 때는 무식하게 소리 질러서라도 이렇게 해달라고 그럴 수 있었어요. 그런데 시간이 점점 갈수록 그런 게 생길수록 내 입이, 목에서는 막… 이렇게 외치고 있는데, 입에서 소리가 안 나는 거예요. 말을 못 하겠는 거예요. 그냥 사람들 오면, 많은 곳에 가는 것도 싫었어요. 그냥 내가 모르는 곳에 가 있고 싶었어요, 나를 모르는….

어쨌든 초반에는 방송을, 어쨌든 알리려고… [방송을] 더 타야 되겠다 이런 게 있었잖아요. 그런데 갈수록 점점 멀어지고, '날 모르는 사람이 생겼으면 좋겠다', '나를 모르는 데에 가서 지냈으면 좋겠다' [하는 마음이 생기고], '아, 나 저 사람이 나를 알까?' 그럴 정도로 사람들 중간에만 있어도 불안해지기 시작한 거예요. '내가 불안하지'라는 것도 아닌데 몸이 벌써부터 이렇게 움츠러들고, 뭔가 막 이렇게 쫓기는 듯한 느낌 있잖아요. 내가 뭔가 그렇게 잘못하지 않았는데 그냥 내가 뭔가 잘못하고 있는 듯한…. 그 도피처가 집이었던 거예요.

그냥 무조건 힘들면 집에 가는 거야, 집에 가면 좀 괜찮아지고. 그래서 그냥 무조건 밖에 나가면, 불안하면 집에 가기 시작하는 거야. 그러다 보니까 계속 집에만… 있게 되는 거예요. 사람들은 "왜 못 나오냐, 현관문을 열고 나오면 되는데 왜 못 나오냐" 이런 식으로 얘길 하는데, 아… 저는… 살면서 사람을 정말 되게 좋아하는데 그렇게 사람이 싫고 무서울 수가 없는 거예요, 사람 자체가. 그래서 내가 상처를 받으면 이 사람한테 위안을 받고 위로를 받기도 하잖아요. 그조차도 이제 두렵고 싫어지는 거예요.

그래서 그러다 보니까 벌써 1년이 지나간 거예요. 그리고 그냥 부딪치면서 있으면, 사람들이랑 부딪치면서 그렇게 지내면 괜찮아진다고 그러는데, 저는 몇 번 나갔는데 안 되더라구요. 그래서… 그냥 내 몸이 저절로 갈 수 있을 때까지 그래야 되겠다[집에 있어야겠다]… 그냥. 그게 제일 나한테 좋은 방법인 거 같더라구요. 그래서 지금도 그냥… 집에서 있을 때는 미친 듯이 웃을 때도 있고, 울

때도 있고…. 그냥 제일 편안한 곳인 거 같아요, 집이.

사람들이 쳐다보면 그냥 쳐다볼 수 있는 거잖아요. 그런데 그걸 계속 다른 눈으로 쳐다보게 되는 거예요. '왜 날 저렇게 쳐다보지, 내가 뭘 잘못했지?' 순간 '난 잘못한 게 없는데' 이렇게 쳐다보면 '왜, 나한테 왜. 내가 뭐 잘못했나?' 그러니까 혼자 이렇게, 약간 자꾸 이렇게 꼬아서 보게 되는 거예요. 다른 시선으로 보게 되고. 저 사람이 그냥 쳐다보는 건데, 저 사람은 그냥 날 쳐다보고 웃었을 뿐인데 '왜 비웃지?' 이런 거. 사람이 정신이 이상해지는 거예요(웃음).

그렇다 보니까 성호 아빠랑도 되게 힘들더라구요. 그래서 같이 있는 시간도 좋기도 했지만 또 같이 있어서 더 힘들 때도 많았어요. 성호 아빠한테도 나가서 활동하라고 권해보기도 하고, 아픈 사람인데도 불구하고 제가 막 밀어냈던 거 같아요. "제발 좀 나가라…".

면담자 같이 있으면 부딪치실 수 있으니까요.

성호 엄마 응응. 그리고 성호 아빠도 예민해지고 하니까, 서로 예민해지면은 불꽃이 튀잖아요. 한 사람이라도 나가서 지쳐가지고 오면, 한 사람이라도 먼저 잠이라도 잘 수 있잖아요. 그런데 도저히 나는 나갈 그게 생기지 않고 그나마 "당신이 강하니까 당신이 나가" 이랬던 게… 우리 신랑은, 우리 신랑도 힘들었을 건데 제가 그걸 몰랐던 거예요. 그만큼 두려움이 있었단 걸 몰랐던 거예요.

그냥 내가 무조건 밀어버리기만 하고 그래서 그걸 한번 느꼈을 때, 제가 한번 느끼는 날이 있었어요, 제가. 그걸 느끼는 날, 너무 너무 미안하더라구요…. "그래, 나가지 마, 힘들면 나가지 마. 나중에 정말 하고 싶을 때, 몸이 괜찮아지면 그때…" 또 이래서 한풀 꺾이고.

그래서 또 올라왔다가 서로 위로해 주고 서로 지키려고 하니까, 이걸 지키려고 하니까 이게 밖에서 접근해 오는 사람들에게 자꾸 예민해지기 시작하는 거예요. 이제 신뢰 같은 것도 떨어지고, '나도 뭐 못 믿겠는데 옆에 있는 사람 어떻게 믿냐' 이렇게 되고. 그래서 자꾸 가까운 사람들만 찾게 되는 거 같고, 내가 봤을 때 제일 편안한 사람들, 그 사람들만 찾게 되는 거 같고(한숨).

활동 못 하는 거에 대해서 되게 많이 미안해졌어요. 그리고 [희생자] 가족은 가족이니까 내 일을 하고 있지만 그 아픔을 당하는 사람들이 아닌, 계속 지금까지 해온 사람들 있잖아요. 그 사람들 보면 내가 이렇게 힘들고 아프고 있다는 거 자체가 너무 미안한 거예요. 음, 어제도… 중앙역에서 서명하신다 해가지고 물건 받으러 갔는데, 거기까지 가지 못하겠는 거예요. 그 추운 데에서 서서 막 서명받고 해달라고 하는데…, 우리가 옛날에 했던 모습을 보잖아요. 그 감정이 막 올라오기 시작하는 거예요. 거기 아래 서서 그 두려웠던 그 감정들과 싫었던 거 힘들었던 것… 그게 다 올라오는데, 이 사람들이 그 고생하는 거 보니까…(한숨) 너무 미안해서 어떻게 할 수가 없는 거 있잖아요(한숨). 그래서 어쩔 때는 너무 미안해서 또 못 보게 되는 거예요. 여러 가지 감정들이 교차하더라구요.

그러니까 성호 아빠랑 둘이서 얘기할 때 조울증이라 하나요, 조울증 맞아요? 기분이 이렇게 왔다 갔다 하는 거. "나는 정신병자 같애"(웃음) 이런 거. 저도 모르게 감정의 변화가, 바뀌어지더라구요. 그래서 어쩔 땐 '약을 먹으러 병원을 가야 하나' 이럴 때도 있고. 그래도 그나마… 조금 덜 미안한 게, '그래도 16년 전까지는 내가 할 수 있는 만큼은 했다' 이런 거에 내가 조금은 더 위안을 받으려고 하는 거예요. 덜 미안해지려고, 사람들한테.

면담자 15년까지는.

성호 엄마 응. '16년 초까지만 해도, 난 열심히 했다' 혼자서 그냥, 혼자서. 계속 미안하니까 계속 다잡는 거예요. '괜찮아, 덜 미안해도 돼' 이렇게. 그래도 마음은 안 편하죠, 지금은 조금은… 거기에 대해서는 조금은 벗어난 거 같아요.

면담자 아무래도 시간을 가지면서 그런 감정들이 완화되신 거 같으세요?

4
투쟁 활동과 거리 두며 하게 된 생각들

성호 엄마 저는 그냥 혼자 있는 시간이 필요했던 거 같아요. 그러니까…우리를 정말, 그… 애들을 보낼 때도 정신 차려서 보낸 게 아니잖아요. 그냥 어떻게 하다 보니까 이렇게 왔고, 진짜 아이를 제대로 내가 생각하고 느끼고 그리워하고 그런 적도 거의 없었잖아요. 진도에서 있을 때는 진도 왔다 갔다 하고 간담회 왔다 갔다 하고 이런 생활[을] 하고, 집에 있으면 집에 가고 싸우면 싸우고, 그때는 몰랐는데 점점… 시간이 갈수록, 아이에 대한 깊이감[깊은 느낌]이… 이게 막 생겨요, 느껴져요.

면담자　그리움.

성호 엄마　네. 그냥… 느끼지 못하고 지났던 것들이 2년 후, 3년째 되는 그때부터는 너무 아프게 와요. 그때부터 더 느껴지기 시작하는 거예요. 작년 한 해부터 그 시간이었던 거 같아요. 전 성호에 대한 그리움에다가 아픔에다가 제대로 못 해줬던 미안함에다가, 시간이 갈수록 그냥… 깊어지더라구요. 그래서 어떨 때는 정말 너무 여기에 휩싸이다 보니까, 내가 아이에 대한 그리움 거기에 휩싸이다 보니까, 이렇게 [세월호와 관련된 것들이] 뉴스에 나오고 막 이런 거를 해야 하지만 그 중요성을 못 느끼고 지나갈 때가 많아요. 이게 감각을 잃어버린다고 해야 하나? 감각이 무뎌지는… 없어지고 있는 거 같아요. 그거에 대한 감각이 없어지고, 이렇게 좀 조율적으로[잘 조율이 되어] 같이 이게 왔으면 좋겠는데 그게 또 안 되더라구요. 아이에 대한 마음이, 이게 확 와버리고 또 이거에 대한 [다른 일에 대한] 마음이면 이게 확 와버리고. 이게 뭐 어떻게 평정할 수가 없어요. 그래서 어떨 때는 세상이 되게 시끄러운데, 나 혼자 다른 세상에 있는 거 같아요… 나 혼자 그냥, 다른 세상에 있는,

혼자. 그래서 이렇게 많이 [활동을] 했던 건 줄 몰랐어요.

면담자 횟수만 따지면 3년이라고 해도 이 시간들이 어머님에게 너무 멀게 느껴지시는 건가요?

성호 엄마 되게 오래된 느낌이에요. 어느 날에는… 어느 날은, '그냥 빨리 지나갔으면, 이 시간이 빨리 지나갔으면' 하는데, 생각해 보면 되게 오래된 거 같은데 '이제 1년밖에 안 됐어' 그러고. 또 어떨 때는 되게 오래된 거 같은데, 그 뭐라고 해야 하지. 반대로 얘기했다(웃음). 기간이 얼마 안 지난 거 같은데 오래된 듯한… 느낌이 있는… 이게, 언제 어느 때에 만큼 다른 거 같아요. 매일매일 다른 거 같아요. 저도 제 감정을 모르겠어요. 어떨 때는 내가 화를 내지 않아도 되는 상황에서도 화를 내고 있고, 어떨 때는 내가 화를 내야 하는데 화를 내지 않고 있고. 그러니까 이게 뭔가 중요한 거를 모르고 있는, 인지를 못 하는 거 같아요. 약간 멍해지고, 약간… 뭐라 해야지? 약간 바보가 되는 느낌 있잖아요. 뭔가 멈춰진 듯한?

면담자 혹시 언제부터 그런 걸 느끼기 시작하셨어요?

성호 엄마 벌써 1년 전부터 그랬을 걸요. 말도 가끔 어눌해지는 거 같고, 전에도 그랬지만(웃음) 점점 더 어눌해지는 느낌…. 아, 정말 '내가 어떨 때는 바본가' 할 정도로 약간 멍한 상태가 자주 와요.

면담자 혹시 그전에는 사람들 틈엔 계셨었잖아요, 2년 정도 가까이. 그리고 뭐라 할까 물론 그걸 시켜서 했다기보다는 이런 흐

름에 휩싸여서 움직이셨던 것도 있으셨을 것 같은데요. 왜냐면 뭔가 맨날 터지니까, 일이. (성호 엄마 : 맞아요) 그래서 뭔가를 생각을 하거나 할 시간이 없이 그렇게 지나가는데, 이제는 혼자 계실 시간도 많아지고 하면서, 그래서 아마 그런 감각이, 시간이 확 달라지는 그런 면도 있지 않을까.

성호 엄마 그런 거 잘 모르겠는데, 갑자기 멍해지고 그런 증상들이 많아요. 그리고 농성할 때도 정말 농성을 하려고 했던 게 아니고 어떻게 우리는 이런 계획으로 갔었는데, 어떻게 하다 보니까 '그렇게 하자' 이렇게 돼서 즉시[갑자기] 그렇게 되는 거 있잖아요. 그게 빈번하게 진도에서부터도 계속 그래 왔던 거잖아요. 그래서 어떻게 행동할지도 몰랐어요. (면담자 : 그 당시에) 응. '내가 생각하고 내가 이렇게 해야 되겠어'라고 하기보다는 그냥 이렇게 휩쓸려서, 정말 휩쓸려서 그냥 가는 거? (면담자 : 상황이 그렇게 만드니까) 네, 네. 그런 느낌이었어요. 그래서 '진짜 우리가 이렇게 이끌려서 가는 건가, 우리가 진짜 해야 돼서 가는 게 맞는 건가' 이런 생각을, 하려면 그냥 휙 가버리고. 어쨌든 그래도 뭔가를 하려고 애썼던 거 같아요.

5
‘유가족’이란 틀의 바깥에서

면담자 어머님의 심정과 상황 때문에 열심히 활동하는 유가족이나 자원활동하는 시민들과 거리를 약간 두게 된 거잖아요. 이런 상황에서 “그동안 안 보이던 게, 생각해 보지 못했던 게 생각났고 그런 걸 이해하게 되더라”고 하셨는데 그 얘기 좀 더 자세히 해주실 수 있으실까요?

성호 엄마 내가 유가족…으로 그 안에 틀 안에서만 있을 때는 다른 게 하나도 안 보였어요. 일단은 같이 움직여야 됐고 그리고 그 안에서 들리는 게 맞는 거 같고 그리고… 여기에 누군가가 또 뛰어들 틈도 주지 않을 뿐더러, 그리고 좀 지나고 보니까 너무… 우리를 안쓰럽게 생각하잖아요. 이게 오다 보니까 나중에는 ‘우리 정말 안쓰러운 사람인가 보다’ 그래서 나중에는 ‘우리는 보호받아야 되는 거야?’ 이렇게 하다가 어떨 때는 이게 당연시[당연하게] 느껴질 때가 있는 거예요.

그리고 처음에는… 고마움도 그렇게 많이 못 느꼈어요. ‘그냥 같이 가니까 가는가 보다’ 이렇게 하다가 또 같이 가니까 그게 당연한 줄 알고 그렇게 했었는데, 내가 이렇게 집에 있을 때, 그리고 제가 가끔씩 봉사활동을 한 번씩 갈 때마다 그때 느끼는 거예요. 내가 봉사자 입장이 되는 거잖아요. 그 가족들이 아니고 봉사자 입장에서 느끼는 거잖아요. ‘아, 이거는 당연한 게 아니구나. 이렇게 했을 때는 이렇게 하면 안 되는 거구나' 하나씩 하나씩 이런 게… 느껴지는 거예요. 그래서 '같이 온 사람들이 되게 감사하고 고마운 사람들이구나. 어떻게 이렇게 왔지' 내가 내 일이 아니라고 포기할 수 있었는데, 이렇게 옆에서 시도하고 같이 오는 것만으로도 참 힘들었을 텐데, 잘 버텨주고 있는 거에 되게 감사한 거예요. 같이 와주고 그 중간에서 지쳐서 잠시 쉬려는 분들도 고맙고, 그리고 옆에서 와서 다가와 주려고 했던 분들도 되게 고맙고.

그리고 그런 분들 어떨 때는 이해를 못 했는데 봉사를 한 번씩 하다 보니까 내가 저 사람한테 뭔가 도움을 주고 싶은데 방법을 못 찾는 거예요. 내가 어떻게 해서 이 사람들에게 도움을 줄 수 있지, 길을 쉽게 쉽게 못 찾겠더라구요. '아, 그래서 저 사람들이 우리한테도 다가올 수가 없었을 수도 있겠다'라는 생각이 드는 거예요. 저 사람들이 그냥 안 하고 있는 게 아니고 마음은 도와주고 싶은데 어떻게 해야 할지를 몰라서 저렇게 있을 수도 있겠다는 생각은 딱 들었어요.

면담자　　지금 말씀해 주신 봉사라고 하면, 초록우산재단이요?

성호 엄마　　아, 초록우산 말고 우리 5인방이서 하는 게 있어요.

면담자　　혹시 어떤 것인지.

성호 엄마　　그냥 청손데, 일단 저는 건우 아빠가 전에 하셨던 거를, 지금까지 우리가 어쨌든 받고 있었으니까, 우리가 어쨌든 혜택을 받고 사람들 도움을 받고 있었으니까 우리가 조금이나마 뭔가

'우리 마음 편해지는 게 없을까' 그래서 이거라도, 몸으로 움직이는 이거라도 좀 해볼까 해서 시작을 한 거예요. 근데 그걸 하면서 음… 처음에는 정말 힘들었어요. '내가 왜 여기 와가지고 이걸 하고 있지, 나도 지금 상태가 안 좋은데?' 이러다가 그 시기가 조금 지나고 나니까 '아, 봉사하시는 사람들은 조금이나마 이런 마음이 아닐까. 다는 모르지만 이런 마음으로 하는 게 아닐까' 이러다가 또 다른 방법, 내가 또 하다 보니까 '다른 데 내가 도움이 될 수 있는 게 없을까?' 이걸 하면서 한 번씩은 생각해 봤어요. 내가 할 수 있고… 내가 좀 살아가는 데, 내가 의미가 있다면… 내가 다른 사람한테 조금이라도 도움이 된다 그러면 그런 의미로도 약간 '살고 싶다'는 마음이 들 수 있을 정도로, 그런 게 없을까 생각… 딱 들더라구요.

그래서 그냥 이런 저런 생각을 하고 있는 찰나에 나도 이렇게 루트[방법]를 못 찾아서 이러고 있는데, '혹시 우리를…, 같이하려고 하는 분들이나 도와주려고 했던 분들이 그 방법을 잘 못 찾아서 이렇게 쉽게 접근 못 하지 않을까' [하는 생각이 드는 거예요]. 그래서 처음에는 그걸 몰랐을 땐 '저 사람들은 왜 이걸 같이 안 해, 그냥 저 사람들은 마음이 안 아픈가, 이걸 보면서 뭐 느끼는 게 없나?' 이렇게만 생각했어요, 무작정. 그랬는데 좀 지나고 나니까 그런 생각이 문득 들더라구요. '그럴 수도 있겠다. 저 사람들 마음도 똑같을 거야. 어쩌면 우리보다 더 마음이 아플 수도 있어'.

우리는 대놓고, 아프다고 할 수 있잖아요. 그런데 그 사람들은 티 안 내게[나게] 하고 있잖아요. 그게 더 힘들 거란 생각이 문득 들더라구요. 그래서 도움이 될 만한 뭔가 있으면 그냥… 찾아보고 있어요. 그게 나를 치유하는 방법이라 생각하고, 다른 게 치유 방법이 아니고 나를 치유하는 방법이 그거일 수도 있겠다 들어서… 그런 계획을 하나씩 하나씩… 갖고 있어요.

면담자 그럼 지금도 5인방 어머님들과 같이 계속하세요?

성호 엄마 네, 한 달에 한 번씩.

면담자 그게 작년부터 시작하신 건가요?

성호 엄마 이제 1년 좀 넘었나, 그런데 그 중간에 집회 때문에 몇 번 빠지기도 했는데.

면담자 주말에 보통 가시게 되니까.

성호 엄마 네. 보통 토요일 집회니까 일요일 날 세째주 일요일 날 하거든요. 그런데 사람들이 집회 끝나고 너무 힘들고 하면 못 갈 수도 있으니까, 또 집회 해야 한다 그러면 거기 가야 한다 그러고 못 할 수도 있으니까. 그래서 핑계 삼아 몇 번 빠지기도 했는데, 그래도… 꾸준히 일단 할 수 있을 때까지는 일단 해보려고 해요.

면담자 그럼 혹시 도움을 받으신 분들은 어떤 기관인가요?

성호 엄마 기관보다, 건우 아빠가 예전에 했던 모임인 거 같아요. 친구들과 했던 모임에서 봉사활동 가는 건데 건우 아빠가 제안을 한 거죠. "이런 모임이 있는데 지금 이런 마음이 생겼으니까 한

번 해보지 않겠느냐" 해가지고 "그래, 좋다" 해가지고, "하자, 좋다. 이게 우리가 보답할 수 있는 길이라면 괜찮다" 그래서 일단 시작은 그렇게.

면담자 그럼 그 봉사활동은 주로 청소를 하시고 몸을 움직이시는 일들 많으신 거예요?

성호 엄마 네, 청소. 우린 할 수 있는 게 없어요. 청소. 일단 청소.

6
'5인방' 친구들과 성호 친구들의 인연

면담자 이 5인방 어머님들 얘기가 나와서 질문을 좀 더 드려보고 싶은데요. 이 어머님들이 성호와 친하던 친구 5명들 어머님들인 거죠? 그럼 반이 같진 않겠네요.

성호 엄마 네, 반 다 달라요.

면담자 네. 성호와 언제부터 친했을까요?

성호 엄마 중학교 때? 중학교 때부터 친했는데 나중에 가족들을 다 찾고 나서는, 이게 그 뭐야… 전에 그 EBS에 '아들들'도 5분, 지식 채널에 다 나오거든요. 애들 줄거리가 나왔는데, 거기 보면은 재욱이랑은 중학교 때부터 친하긴 했지만 어린이집부터 옆에 있었고, 사진을 봤을 때 재욱이는 항상 성호 옆자리에 있었고. 그리고 초등학교 때도 같이 있었고 중학교 때 고등학교 때까지. 다른 애들도 비슷하게, 건우는 산부인과 동기였고, 그렇게 짜맞추다 보니까 그렇게 된 거예요.

면담자 나중에 알고 보니.

성호 엄마 어, 어어 알고 보니까. 그래서 '아, 이런 인연이 있었구나', 해서 중학교 때부터 친하게 지내긴 했지만 '얘네들 인연은 전에부터 이어왔던 거구나', 지금에야 보여지는 거지만. 그래서 준우도 그렇고 재용이도 그렇고 다 이렇게, 친구의 친구로 만나기도 했지만 다 이렇게 정말, '그래도 심상치 않은 인연인가 보다' 이런 생각 갖게 되는 거예요. 그래서 성향을 보니까 자기네가 정말 어울릴 만한 아이들이었던 거예요, 다 비슷비슷한 애들. 딱 보니까, 다 애들이 배려가 많은 애들이었어요. 공통점은 그거더라구요. 그래도 생각을 많이 하는 애들이구나… 착한 애들이었어.

그래서 전에부터 뭔가 이어져왔구나, 그걸 몰랐을 뿐이지 항상 주위에 있었구나. 그래서 성호도 멀리 영주에서도 갔다가 순천 갔다가 다시 올라왔지만 그래도 그게 [5인방의 관계가] 이어지고 있었잖아요. 그러니까 보이진 않지만 '뭔가 이어지는 끈끈한 그런 게 있었구나' 하는 게[생각이] 들더라구요. 그래서 그나마 안심이 돼요. 얘네들이 의지할 수 있는 아이들이 같이 있다는 거 자체가… 그래도 안심이 돼요. '혼자였으면 어떻게 했을까? 혼자였으면 버틸 수 있었을까? 이 중에서도 한 명만 살아나서 산다고 해도 얘가 제대로 살 수 있었을까…'. 그러니까 부모 입장에선 그래도 살길 바랐겠지만 '그래도 참 힘든 인생을 살았을 거 같다' 이런 생각이 들더라구요. 분명히 위에서 잘 지내고 있을 거예요. 나라만 이 모양이지(웃음) 위에선 아마 다… 편안하게 지내고 있을 거예요.

면담자 지난번에 그런 말씀도 하셨거든요. 만약에 엄마들끼리 친한 이런 거였으면 이렇게까지.

성호 엄마 네, 금방 깨졌을 수도 있어요. 왜냐면 사람 성향이 다르잖아요, 성향이 다. 부부 사이도 몇십 년을 살아도 뭔가 맞춰지지 않는 거 때문에 틀어지고 마는 게 있잖아요, 트러블도 많이 생기고. 그런데 아이들로… 인해서 만난 거기 때문에, 항상 뭔가 문제가 생길 때마다 항상 아이들의 마음을… 생각하자고. 우리가 항상 누누이 얘길 하죠. '아이들이라면 어떻게 했을까?' 어른들로 생각을 해보는 게 아니라, '내가 지금 기분이 나빠도 지금 상황이었을 때 이 아이들은 어떻게 했을까, 어떻게 행동을 했을까?' 항상 얘네들을 보면 서로서로 뭔가 허물이 있어도 덮어주고 챙겨주려고 했었거든요. 자기 친구들이 최고라고 항상 그런 애들이었는데.

그러니까 트러블이 생길 때마다 아이들[을] 생각해지면[생각하면] 부끄러워지는 거예요. '그래서 아이들 마음으로 가자' 이러면 '우리는 어떤 일이 생겨도 우리는 끝까지 이렇게, 끝까지 지켜가고 잘 갈 수 있다', 그래서 다들 그 마음으로 가는 거 같아요. 만약에 그런 마음이 아니고 어른들끼리 좋아서 그랬다면, 애들도 모르고 어른들끼리였다면 벌써 깨졌을 거예요. 그거는 이어지지가 않았을 거 같아요. 이게 지금도 보면은 좋았던 사람들도 어떻게… 아주 잘 했어도 틀어지게 마련이잖아요. 그래서 '5인방은 그래도 잘… 잘 지낼 것이다' 이런 생각 들어요. 그리고 그 의무감을 갖고 있고.

면담자 사회봉사 말고도, 어머님들끼리 같이 만나서 수다 떨기도 하고 자주 만나세요?

성호 엄마 자주 만나요. 왜냐면 생일날도 만나고 (면담자 : 아이들 생일날?) 아이들 생일날도 만나고 어른들 생일날도 만나면 한 달에 몇 번을 더 만난 적도 있어요. 더 자주 보는 경우도 있어요. "또 봐?"(웃음) 이럴 정도로 자주 만나는 거 같아요. 그래도 질리지가 않고, 뭔 얘길 해도 계속 얘기가 나오고. 그 와중에 애들 얘기하면 또 좋아 가지고 계속… "이랬더라구" 이렇게 하다 보면은 또 새로운 얘길 듣게 되는 거예요. "아, 얘가 이랬어?" 그러면 여기에도 또 즐거움이 있는 거예요. 우리 애가 이랬다니까, 내가 몰랐던 거를 알게 되는 거잖아요. 그러니까 항상 이야기는 샘솟아요. 그런데 항상 마음은 똑같은 마음인 거죠. 그 마음 변치 않고 그냥 보면은 재밌고 즐겁죠. 힘들 때 도움도 많이 되고.

면담자 5인방 어머님들 계셔서 정말 다행이네요.

성호 엄마 다행이죠. 저는, 어떻게 버텼을까… 진짜… 우리를 낳아주신 부모님들도 그렇고 가족들도 그렇고 잘 안 만나는데, 어찌 보면 등지고 있다고 해도 될 만큼 안 만나고 있는데, '그나마, 어디에다 기댈 수 있었을까, 서로 버틸 수 있었을까' 이런 거 생각하면… 5인방이라는 그 자체만으로도 정말 큰 힘이 돼요. 뭔가 든든한, 정말 이렇게 뭐라 해야 하지? '나를 아무도 못 건드려' 이런 느낌 있잖아요. '누구든 나를 아무도 못 건드려, 우리를 못 건드려' 이런 느낌. 거기서 힘을 많이… 힘이 많이 생기는 거 같아요.

면담자 5인방 어머님들 말고는 친척분들이나 가족분들이나 아니면 예전에 친했던 어머님 친구분들이랑은 최근에는 거의 안 만나고 계신 건가요?

성호 엄마 친구들도 그냥… 친구들도 자주 안 만나고… 연락도 자주 안 하고. 옆에서 항상 있었던 동생들, 옆집에 살았던 동생들 이런 동생들은 계속 연락이 오니까 만나요. 만나서 그냥… 성호가 있을 때처럼 지내요. 그냥 성호 얘기도 하고 서로 애들 얘기하고, [성호가] 있을 때처럼 지내요. 그런데 그걸 어색함으로 몰고 가는 사람들은 안 만나요, 친구들도. 만약에 친구들도 그걸 각인을 하고 [성호가 없는 것으로 내 머릿속에 각인시키려 하고], 그렇게 하고 만나면 연락을 안 하게 되고 그냥 안 만나게 되는 거. 저를 생각해 준다 생각하고 '성호 얘긴 하지 말아야지' 억지로 그러는 게 더 불편해지니까…, 오히려 그냥 자연스럽게 해주면 평소에 있었던 거처럼 해주면, 나는 그러길 바라는데 또 이 사람 입장에선 '그렇게 얘기하면 내가 얼마나 마음이 아플까' 그런, 오히려 그런 배려를 해준다고 하는 게, 오히려… 전 너무 그게 싫더라구요. 그냥 내 아이를 억지로 잊으라고 하는 거 같고, 그냥 없는 것처럼 내 머릿속에다 각인을 시키려고 하는 거 같고, 그냥 그 생활을 몰아가려고 하는 거 같고 막 이런… 거 때문에. 그래서 성호 얘긴 자연스럽게 하고 같이 편하게 지낼 수 있는 사람들만 만나요. 나중에 어찌 됐든 그 사람들을 [아직은 불편한 사람들도] 만나겠죠. 그런데 지금은 내가 억지로 그렇게, 내가 힘들면서까지 만나고 싶진 않은 거예요. 어차피 나중에, 괜찮아지면 돌아오겠죠, 그죠. 억지로 그렇게 하지 않았다면.

7
죽음을 밀어내려는 사람들에 대한 반감

면담자 보니까 다른 구술 진행하고 있는 어머님 얘기도 들으면 그렇더라고요. 겪지 않은 다른 사람들은 배려한다고 아이들 얘길 의식적으로 안 하는 거잖아요, 그 얘길 하면 기억을 되살려서 힘들까 봐. 그런데 '그런 게 오히려 힘들다, 오히려 엄마들은 아이를 얘기하는 거 제일 즐겁다'고….

성호 엄마 저는 그랬거든요. 친구 신랑이 먼저 갔을 때도 그랬고, 아버지가 먼저 가셨을 때도 그랬고 그다음에 친구가 먼저 갔을 때도 그랬고. 저는 그냥 사진 보면서, 그 집에 가면, 사진 보면서 얘길 해요. 그냥… 평소 때처럼 사진 보면서 얘기해요. 그래서 나는 그게 좋다고 생각했거든요. 굳이 그렇게 이 사람이 없다고 그렇게까지 머릿속에다가 세뇌시켜 가면서까지 그럴 필요가 있나 싶어서 사진 속에 그분이 없더라도 그분하고 얘기하는 것처럼 그냥 약간 좀 정신이 나간 것도 같지만(웃음) 지나가면서, "밥 먹었어요?" 이런 식으로 "잘 지냈어요?" 이런 식으로 얘길 해요. 어느 누구 집에 가도 제가 그래요. 어, 그래서 저는 그게 오히려 좋았어요.

면담자 세월호 이전부터도.

성호 엄마 네, 네. 저는 그전에도 그랬거든요, 일부러. 저는 자연스럽게 그냥… 지나가는 거기 때문에 그래서 오히려 편했어요. 내가 그렇게 세뇌시킨다고 해서 그 기억이 없어지는 건 아니잖아요. 그 사람하고도 좋았던 것도 있었고, 나는 그거를 계속 어쨌든… 추억이잖아요. 추억은 생각하면서 가지고 가고 싶고 어떻게든 얘길 하면서 살아갈 수도 있는 건데, 그걸 굳이… 지금 없다고 해서 그걸 그렇게 하고 싶진 않았어요.

그래서 지금도 성호한테 그런 얘길 하면, 오히려… 성호가 여행을 가서 아직 안 왔단 느낌이에요. 그래서 저한텐 오히려 그게 더 좋은 거 같아요. 멀리 갔다고 해서 물건 다 치운다거나, 싹 치우고 아무 일도 없는 것처럼 그렇게 지낸다거나… 그거는 나한테는 정말 도움이 하나도 안 되는 거 같아요. 그 사람을 생각하는 시간은, 생각하고 느껴야 할 시간은 가져야 될 필요가 있는 거 같아요. 언젠가는 서서히 이게 나도 모르게 잊혀가겠지만, 내 기억 속에도 흐릿해지고 하겠지만, 그래도 매일매일이…, 기억이 잊혀진다고 해서 억지로 잡고 싶진 않지만, 어차피 나중엔 약간 흐릿해질 거 아니에요. 그래서 지금이라도 그렇게 [있을 때처럼 잘 기억하며] 지내고 싶은 거죠.

8
간디학교에서의 간담회와 '성호 책장' 기증

면담자 2014년도 세 가지 사건에 대해 조금 더 여쭤보고 싶은 게 있는데요. 간담회를 열심히 다니시던 시절이 기억났다고 하셨는데 혹시 그중에서 특별히 기억나는 사람이나 질문, 이야기가 있으세요?

성호 엄마 질문들은 거의 성호 아빠가 받고 해서 그런 기억은 별로 없는데…, 간담회를 다니면서도 그냥 마음이 좋지만은 않았어요. 이게 안전 사회를 만들자고 다니고 있는 건데 난 도대체 나는…, '내가 뭘 지킬 게 있다고 이걸 하고 있지? 어차피 난 내가 죽으면 그만인데?' 남아 있는 아이들이 있는 집들은 어찌 됐든 남아 있는 아이들 지키기 위해서 뭔가를 해야 되는 게 있지만 '나는 지켜야 될 것도 없는데, 내가… 내가 왜 이러고 다녀야 하지?' 이런 의문점들이… 하면서도 그랬어요. 그래서 항상 멍한 상태였고, 하지만 내가 너무 가식적이다 이럴 때도 있었거든요.

그런데… 어떻게 하다가 아이들을 많이… 만나게 되는 계기가 생겼었어요. 간디학교 애들도 만나고 무슨 대안학교 애들도 만나고 그런 쪽으로 좀 많이 들어왔었어요, 간담회가. 그것도 정해서 가는 거지만 그래도 어떻게 일정이 어떻게 잡혀가지고 그런 쪽으로 가기 시작했어요. 그랬는데 저는 산청에 있는 그… (면담자 : 간디학교?) 간디학교를 가려고 했던 게 아니고 무슨 요양하는 곳이, 수녀원, 수도원 같은 곳이 있더라구요. 요양하는 곳이던데, 거기 마을 사람들하고 거기 사람들하고 간담회 때문에 갔는데, 이제 아이들이… 간디 애들이었나 봐요. 애들이 막 공연을 해줬었어요. 그런데 너무… 예뻤었어요, 애들이. '아, 예쁘다. 예쁘다' 그러고 있는데.

다음 날 아침에 일어나서 가려고 하는데 갑자기 급 제안이 들어온 거예요. (면담자 : 학교에서) 어, 그 "근처에 학교가, 얼마 떨어지지 않은 곳에 학교가 있는데 아이들이 되게 많이 궁금해한다", "여기는 그리고 대안학교이다 보니까 애들이, 여러 가지로 생각을 많이 하는 애들이기 때문에, 웬만한 어른보다 더 어른스럽다"고 하더라구요, 아이들이지만. "생각이 많이 열려져 있는 아이들이라… 간담회를 좀 해주면 안 되겠냐" 해서 아침 먹고 급 가게 된 거예요. 그 시간, 짧은 시간을 갔는데.

애들이, 어… 우리가 얘길 하는데 공감해 주고 막 울고 뭐라고 해야 하지, 순수함의 그 눈빛 있잖아요. 그 마음들이 느껴지기 시작하는 거예요. 그 마음들이 느껴지기 시작했어요. 그 어른들한테도 못 느꼈던 게, 그 아이들에게서… '아, 이렇게 예쁜 애들이 있었어?' 이럴 정도로… 막 그런 마음이 느껴지는 거예요. 애들이 한 명씩 한 명씩 와서 안아주는데 막 눈물이 나는 거예요, 진짜로….

그래서 안아주면서 느꼈던 건 뭐냐면 진짜 내가 간담회를 이렇게 다니지만 그걸 몰랐는데, 거기서도 제가 얘길 했던 거 같아. '이 아이들을 보면은 지켜주고 싶다'라는 생각, '이 아이들만큼은 그래도 지켜줘야겠다'라는 생각이[에] 막 힘이 나는 거예요. 그래서 그게 원동력이 됐어요, 간담회 다닐 때. (면담자 : 그 기억이) 어, 거길 갔다 오고 다음 날부터 그게 힘이 되기 시작했어요. 그래서 거기 갔다 오고 나서 지금도 애들하고 연락을 하는데, 그다음에 여러 군데 있잖아요. 제천에도 있고 경산에도 있고, 간디학교. 또 대전에 무슨 대안학교도 있고 이런 여러 가지 연결이 되는… 연결 연결돼서.

애들이 저 마음을 갖고 아이들이 이 나라에서 살아가야 하는데 이 아이들한테만큼은 그래도 조금 이 나라가 그래도 더럽지 않다라는 걸 보여주고 싶은 게, 그 마음이 들더라구요. 그래서 그나마 여기서는, 자기네가 사는 나라지만 그래도 괜찮다, 그래도 이런 나라에서 산다 이런 거를 걔네들한테는 그래도… 주고 싶은 마음이 좀 있었어요. 나는 어쨌든, 나는 그래도… 그때부터 이제 마음이 서서히 바뀌기 시작하더라구요.

그래서 제가 제일 잘했던 게 뭐냐면, 성호한테도 정말 당당하게 말할 수 있는 게 뭐냐면, 제가 간디학교에 갔을 때 제가 성호 책…, 책이 많았는데 그걸 어떻게 해야 할까 고민을 하고 있었었어요. 어디에 가면 성호의 책이, '어쨌든 성호가 보던 책들인데, 어디에 가면 되게 좋아할까, 편안해할까, 제일 좋아할까' 그런 고민을 많이 하던 상태였거든요. 그런 찰나에 거길 갔던 거예요. 그래서 그때 제안을 했었어요. 간담회 했던 곳도 도서실이더라구요. 그래서 제가 "혹시 우리 아들이 보던 책들이 있는데 이거를 너희들한테 주면 받아주겠냐" 했더니 애들이 1초도 생각 안 하고 "너무 좋다"고 "고맙다"고 "얼른 달라"고 하는 거예요. 자기네가 성호 책장을 만들겠다는, 이런 열정을 보여주는 거예요. 너무 고마운 거예요. '아, 그나마 성호가 편하게 즐겁게 지낼 만한 곳이 여기일 수도 있겠다' 생각이 드는 거예요. 그래서 그때부터 올라와서 서슴없이 망설임 없이 책을 포장하기 시작했어요, 보내야 된다고. 하나씩 하나씩 보면서 책을 싸고.

그리고 성호가 아끼던 만화책이 있었는데 아직까지 그 만화책은 아직은… 내가 못 떠나보내겠는 거예요. 만약에 내가 이것마저 떠나보내면, 아직은 내가 마음의 준비가 안 됐는데 다 보낸단 느낌이었던 거예요. '그래서 일단은 이건 내가 가지고 있자. 나중에 보내더라도 일단은 이걸 내가 가지고 있자' 해서 일단 만화책만 냅두고 나머지 책들은 다 보냈어요. 그런데 그렇게 많지 않았는데도, 감사하게도 거기서 선생님이 "애들도 보고, 잘 보고 있다"고 "항상 성호 생각하고 있어요" 이런 얘길 듣는데, 지금까지도 그렇게 얘기해 주는 게 너무 감사한 거예요. 그래서 '우리 성호[를] 이렇게 감사하게, 이쁜 곳에서 기억해 주는 것만 해도 감사하다' 이런 생각 들더라구요. 그래도 제가 간담회를 다니면서 뿌듯했던 게 그게 제일 잘했던 거 같아요.

어차피 이 나라는 어차피 국회의원들이 정치를 하는 곳이고 사람들이, 국민들 의견도 많이 반영은 되겠지만 그래도 운영하는 사람들은 대부분[대다수가] 정치인들이잖아요. 거기 내가 어떻게 할 수 없는 거 외에 내가 할 수 있는 걸 찾아보니까, '그냥 성호가 어디에 있으면 제일 좋아할까' 그걸 먼저 찾게 되는 거예요. '어디에 가 있으면 마음이 편하고 내가 기분이 좋을까' 그런…. 지금은 조금씩 그런 생각도 들기도 하고, 그래서 거기서 많은 희망을 봤다[고 생각돼요]. 희망을 보기도 했고, 그냥 더 열심히 그 계기로 해서 어쨌든 간담회 많이 다녔던 거 같아요.

그러면서도 고마운 사람들 계속 만나고 그냥 다 이제 점점 잊혀가는데…, 많이 잊혀진 줄 알았는데 오히려 더 기억을 많이 해주시더라고요. 시간이 더 지났음에도 불구하고 많이 이렇게 기억해 주시고, 되게 감사했어요, 그런 게. 그렇잖아요, 부모는 생각 안 해 줘도 아이만 생각해 줘도 되게 감사한 거잖아요. 그니까 그런 게… 좀 '성호가 있을 때 [간디학교와 같은 곳에 대해] 더 많이 들었으면 더 좋았… 더 좋았겠다' 이런 생각도 들더라구요. 그럼 좀 다른 삶을 살지 않았을까…, 이 일이 있고 나서 세상을 잘 많이 알게 됐던 것 같아요.

그래서 성호의 말이 많이 떠오르죠. "엄마는 아직 세상을 몰라"(웃음) 이랬던 말이 하나씩 하나씩…, 성호가 했던 말이 하나씩 하나씩… '이래서 나한테 [그런 말을] 했던 건가' 이랬던 기억이… 하나씩 떠올라요. '참, 나보다 어른스러웠구나, 세상을 참 바로 볼 줄 알았구나'(웃음) 이랬던 거 같아요. 내가 무슨 얘기 하다 이렇게 됐지(웃음).

9
종교생활 중단

면담자 지난주에 교회 얘기 잠시 해주셨는데, 성호가 있을 때 '새롭게 살아보자 우리 가족' 그런 마음으로 교회에 처음 나가시게 됐는데, 최근에도 나가세요?

성호 엄마 아니요. 교회 안 나가고 그냥 집에서 성호 아빠랑 수련하고 있어요, 부딪치면서 수련하고(웃음).

면담자 교회 안 나가시게 된 계기가 있나요?

성호 엄마 그때 정말… 열심히 한번 살아보겠다고. 어찌 됐든 그전에는 '내가 너무 욕심을 많이 부리고 살았구나, 이러지 말고 이제 내가 바뀌어보자' 이런 마음으로 진짜 열심히, [하나님에 대해 잘] 모르지만 열심히 다닌 거예요, 그 하나로. 그런데 이 일이 터지고 나서, 뭔가 저는… 변화가 있을 줄 알았어요. 그런 거 있잖아요, 그냥 기적이 일어나는 거. 어떤 건 기적이 일어나 가지고 어떻게 할 수도 있고, 아이들이 어찌 됐든 구조가 될… 수도 있을 거라 생각을 했는데 한 명도 구조를 못 했잖아요. 그 한 명이라도 만약에 구조를 했으면 내가 아마 '한명이라도 너무 감사합니다'라고 했을 텐데, 제가 원망을 너무 많이 했어요. 도대체, [하나님이 우리 곁에] 살아 계신다는 그 뜻이 뭔고[지]… 지금도 잘 모르겠어요.

지금은 원망은 없지만 그때는 원망이 되게 많았어요. 그래서 저도 모르게 '이게 맞는 건가, 이렇게 될 거면 어차피 내가 뭐 다닐 필요 있을까' 사람들도 다 이런 마음으로 다녔을 텐데…. 그리고 동산교회 다녔던 애들도 다 희생됐잖아요. 그럼 그 부모들 아이들은 뭐고… 이제, 그래 얼마 다니지 않아서 그랬다 쳐도, '이 사람들 중에 [교회에] 많이 다녔던 사람들의 아이들… 부모님들 중의 아이들은 그렇게 사랑했다면 구해줬어야 했던 거 아닌가?' 막 이런 게 의문이 들면서 저도 모르게 막 따지기 시작하는 거예요(웃음). 저도 따지게 되는 거예요, 화내게 되고. '도대체 왜 그러셨냐고, 구해주셔야 되지 않겠냐'고….

지금도 그래요. 아무리 세상이 바뀌어서… 바뀐다곤 하지만, 어쨌든 이런 일로[이] 계기가 돼서 바뀐다고 하지만 '왜 하필이면 우리 아이들을 희생양으로 삼아야 되냐'고…. 처음에 분노는 아니지만, 또 아직까지는 이게 안정이 덜 된 거 같아요. 그렇다고 그게 나쁜 건 아니지만 어차피 내 마음 편하자고 다니는 거잖아요. 그런데 그러고 나서부터는 그냥 [안 나가게 되더라고요].

면담자 종교에 대한 불신 같은 게 좀 생기신 건지….

성호 엄마 그런데 또 혼자서 가끔씩 기도도 해요. 그러면서도 또 애가…(웃음).

면담자 그러게요. 주변에 지금까지도 기독교 생활 열심히 하시는 어머님들도 계시긴 하던데, 종교를 가지신 분들… 그런 것도 궁금하네요. 저 같아도 원망이 될 거 같기도 한데, 믿었던 신에 대해서.

성호 엄마 그분들은 어찌 보면 또 되게 포용을 하시더라구요. '어떻게 저게 될까?' 그분들은 이렇게… 안 보이는 존재를, 그런 세계를 믿으시니까. 그런데 저는 아직 그게 멀었잖아요. 그게 아직 용납이 안 되는 거예요. 그런 말 할 때마다 어쨌든 이해가 안 되는 거잖아요. '그래도 그러지 말았어야죠' 이런 식으로 혼자…(웃음) '그때 애들 다 구해주셨어야죠. 왜 꼭 이렇게 해야 했냐. 아무리 잘못한 게 많아도 이건 아니다' 이런 식으로 제가 막 혼자 따지기도 하고. 옆에서 성호 아빠가 저를 보면 "뭐를 그렇게 혼자서 궁시렁대냐"고(웃음) 그렇게 얘길 해요, 혼자.

면담자 평소에도 그런 말을 혼자 하시고 계시나 봐요.

성호 엄마 네, 네. (면담자 : 나도 모르게) 어(웃음), "혼자서 뭘 그렇게 궁시렁대냐"고(웃음). 길 가다가도 막 이러면 "뭘 그렇게 혼자 궁시렁대(웃음)", "저기 좀 떨어져 가(웃음)". 어찌 되었든 이렇게 농성을 하고 이런 것도… 했지만 이젠 되돌아보고 싶지가 않아요, 그런 게.

면담자 너무 그때 괴로우셨어서.

10
세월호로 알게 된 사회의 어두운 단면

성호 엄마 그냥… 어찌 됐든 간에 이런 식으로 계속 해오긴 해왔지만… 평생을 이렇게 살아야 되는 건가 그러면은, 그런 것만 보면… 더 좋은 더 즐거운, 과연 그 뒤에는 과연 즐거움이란 게 있을까. (면담자 : 그 뒤에라 하심은?) 그 과정을 겪으면서 사람들이, 지나면서… 어떤 사람은 이렇게 사회운동을 하면서 살잖아요. 그 사람 나름대로 뭔가 규칙이 있고 '그 사람들은 어떤 생각을 갖고 있을까, 미래가 어떻게 보일까' 되게 궁금하긴 해요.

내가 차라리 이렇게 겪으면서 어떨 때는 차라리 내가 이걸 몰랐으면 [하고] 도피하고 싶은 거죠. 세상이 이렇게 잔인하고 이런 세상이 아니었을 때는 정말 세상이 밝게 보이고 좋게만 보였는데, 이걸 알고 나서부터는 그냥… '또 이런 일이 일어나겠지, 또 이런 일이 하겠지' 이런 막연한… 그런 일로 인해서 내가 과연 거기에서 뭔가, (면담자 : 제대로 살 수가 있을까?) 어, 어. '밝은 곳이 있을까' 그런 생각이 들어요.

면담자 세월호란 사건을 겪으시기 전에는 그래도 세상에 대한 긍정적인 생각을 갖고 사셨는데, 사건을 겪고 난 후엔 그게 안 되고 뭔가 안 좋은 일이 일어날 수 있단 걸 알게 됐으니까 그런 생각 드시는 거네요.

성호 엄마 응. 전 우리나라에선 우리나라 사람들이 어떻게 해서든 목숨을 보장을 받을 수 있다고 생각을 하고, 믿을 수 있는 나라라고 항상 생각을 했기 때문에. 아마 제가 그걸 몰랐다면은 태극기 부대에 가 있었을 수도 있어요, 몰랐다면. 근데 그 이전에 제가 성호 아빠가 말레이시아 있을 때도 그렇게 자랑을 많이 했어요. "우리나라 좋은 나라다. 완전 좋은 나라다, 태극기도 얼마나 이쁜지 아냐" 이런 식으로, "우리나라 놀러와 봐라, 되게 좋다", "되게 살기 좋은 나라다" 이런 식으로 얘길 하고 다녔는데.

그 뒤부터는 완전히… 바뀐 거죠. "여기서는 목숨도 부지를 못할 수도 있는 나라다. 내 목숨 내가 지켜야 하고 누가 지켜주지도 않는다. 내가 언제 죽을지도 모른다. 내가 위험한 상황일 때 나를 보호해 주지 않을 수도 있다" 뭐 이렇게 바뀌는 거죠. 그래서 그냥 다른 나라를 자꾸 보게 되는 거지. 다른 나라의 단점도 있는데 장점도 자꾸 보게 되는 거예요, 자꾸 다른 나라에 (면담자 : 비교가 되고) 응.

그래서 항상… 그렇게 TV를 봐도 영화를 봐도 뭔가 일이 생기면 많이 그렇게 여러 장비들이나 뭔가 비행기들이나 와서 구조해 주는 걸 많이 봤잖아요. TV에서 많이 보고 영화에서 많이 보고. 현실은 너무 다르다는 게 너무 확 느껴지는 거예요. '진짜 저랬을까, 저렇게 배가 반 이상 뒤집혔는데도?' 저는 '벌써 우리 애들은 구해

주고, 저렇게 했을 거야' 이렇게 생각을 하고 마음을 놓고 있었거든요. '안전하게 어디에 있을 거야' 이러고. 덜 불안한 마음으로 난 학골 간 건데, 어… 그게 아니… 더라구요.

그래서 그… 바뀐 게, 그게 바뀌었어요. 그냥 우리나라는 그냥 일단 공기는 좋으니까, 공기는 좋고 그냥 살면 살 만한 거, 그렇게 돼버린 거죠, 아주 좋은 나라는 아니고. 그냥 내 목숨 내가 지킬 수가 있다면 살기는 괜찮은 거다, 그렇게 되는 거죠. 그리고 유가족이 안 되면 살기 괜찮은 나라. 근데 어떻게 안 될 수가 있어요. (면담자 : 알 수가 없으니까) 사람이 살면서 그게 한번이라도 안 겪겠어요, 그죠? 나중에 다 겪을 텐데. 그런 거만 없다면 괜찮은 나라. 신뢰가… 정말 높았는데 확 떨어진 거죠.

면담자 그럼 어머님, 방금 사회운동 하고 살던 사람들이라고 말씀하셨는데, 세월호 상관없이 그전부터 사회운동을 하며 살던 사람들은 어떻게 살았을까, 이런 의문이 드신 거예요? 그런 사회의 어두운 면을 이미 알던 사람들을 말씀하신 건가요, 사회운동하고 살던 사람들?

성호 엄마 이런 힘든 거 다 겪고, 또 이런 힘든 거를 어떻게 겪었을까라는 게… 우리도 지금 이 겪는 과정이 너무너무 힘든데, 어떻게 매번 이거를 내가 아파가면서 어떻게 매번 밝은 미래를 보자고, 이걸 어떻게 변화시키려고 해왔을까. 한편으론 대단하면서도 존경스러우면서도 한편으로는 '저 사람들의 심리 상태는 어떨까'라는 게 되게 궁금해지는 거예요. 어… 그런 궁금증도 생기고, 나라면 저렇게 계속… '어떤 생각을 갖고 살았을까, 계속 좋은 면만 볼 수 있었을까? 내가 이렇게 했는데도 안 되면, 응. 해도 안 되면… 그 뒤에는 어떤 마음으로, (면담자 : 버텼을까) 버티고 또 어떻게 이기면서 해나갈까' 이런 게… 생기더라구요. 그래서 '저건 아무나 할 수 없구나' 이런 생각도 들었어요. '아무나 할 수 없는 일이 있구나' 이런 것도 있었어요, 되게.

11
내가 할 수 있는 작은 활동

면담자 어머님, 가족협의회에서 아니면 공식적으로 다 같이 했던 활동, 예를 들어 선전전이나 집회 참가 같은 경우가 아니라 개인적으로 다른 활동 하신 게 있으세요? 예를 들어 공방 활동이라든가 정혜신 박사님이 하시는 '이웃'[치유공간 '이웃']이라거나 그런 공동체 활동을 말씀드리는 거예요.

성호 엄마 그쪽으로는 아예 안 갔던 거고… 내가 그냥 주변에서 할 수 있는 거. 아는 동생들이나 그냥 주위에서 하는 팔찌, 리본 팔찌 나눠주는 거. 내가 할 수 있는 거를 그냥 소소하게 찾은 거예요, 그나마 뭔가를 내가 할 수 있을까. 그래서 미싱 배워가지고 잠깐 거기 가서 배우면서 그 친구들하고 그런 얘길 나누고. 제가 처음엔 [세월호 유가족임을] 숨기고 있다가, 나중엔 다 알게 되는 거잖아요. 그래서 그걸 겪었던 일을 얘기를 하면서 그래서 "언니 저도 리본 좀 주세요, 저도 주세요" 그래서 리본 나눔을 하고, 그냥 작게… 그랬던 거 같아요.

내가 할 수 있는 걸로. 거기에 공식적으로 가서, 그건 내가 너무 힘드니까 내가 못 하겠고 작은 일이나마 할 수 있는 거. 그래서 사람들 초대해서 저희 집에 와서 얘기하고, 성호 방도 보여주고… 그런 마음 나눔을 할 수 있는 사람들을 그나마 조금 알게 된 거 같아요. (면담자 : 최근에요?) 네, 한 작년부터, 작년 여름부터 좀 알게 된 거 같아요. 그래서 그 사람들한테 리본도 나눠주고 그 사람의 신랑들이 회사에다가 리본도 나눠주고 팔찌도 나눠주고, 이런 스티커 같은 거를 제가 이렇게… 그 사람으로 인해서, 다른 사람으로 인해 퍼져서 그나마[세월호 참사가 세상에 더 알려지기를 바라면서]… 그거 조금씩 했던 거 같아요.

면담자 그런 과정이 어머님께 많이 위안이 되셨을까요?

성호 엄마 위안보다는…, 처음에는 그냥 그 사람들도 다르게 알고 있어서 자세히, 저도 자세히는 모르지만 내가 알고 있는 한도 내에서 내가 겪었던 거에서만 이렇게 얘길 해줘도 너무 반대로 알고 있었다고, 그런 사람들 너무 많더라구요. 그래서 "그랬구나" 막 그런 식으로, 다시 이렇게 알게 돼서 그 사람들이 또 다른 사람들한테 그런 얘길 해주고. 이게 그렇게 퍼져, 조금씩 퍼져나가더라구요. 내가 마음으로 내색하기 힘들었지만, 드러내려고 하지 않았는데 좀 힘들었지만 그래도 다행이다…다행이란 생각 들더라구요. 그래서 그때마다 조금씩 물어보면 얘기해 주고, 그냥 알려고 했던 사람들한텐 그래도 많이 알리려고 했던 거 같아요.

면담자 어머님께서 그걸 작은 일, 할 수 있는 일이라고 하셨지만 그렇게 그게 퍼져나가면 아주 작은 일이라고도 할 수가 없잖아요.

성호 엄마 그래도 이렇게 활동하는 사람들에 비하면 그건 아주 작은 일이잖아요(웃음). 내가 여기에서 할 수…, 정말 할 수는 있겠지만 아직 마음이 안 돼서, 나가서 그 자세가 안 돼서 못 나가는 것도 있잖아요. 그래서 그나마 나한테 조금, 내가 스스로 할 수 있는 거 찾다 보니까, 그래도… 그거라도 하는 게 낫겠다. 두 번째 타겟[목표]은 일단 영어 학원을 다니니까, 아직까진 티를 내진 않아요. 나중에 제가 끝날 시점 돼가지고 거기서도 리본을 돌려야 되겠다[생각하고 있어요].

면담자 점점 넓혀가는.

성호 엄마 (웃으며) 그 안에서. 아직까지도 그렇게, 딱 나를 동정하는 눈빛은 싫더라구요. 안쓰러워하는 마음을 알겠는데 내가 먼저 마음 꺼냄으로써 서로가 불편해지는 것도 싫고 해서 그냥 나중에 어떻게 자연스럽게 알게 되면 어쩔 수 없지. 그런 상황까진 내가 어쩔 수 없지만, '그런 상황[자연스럽게 사람들이 알게 되었을 때

리본 나눔 등을 할 수 있는 상황]은 내가 만들어야겠다'는 생각은 했어요. 그래서 어떻게 해서는, 그 사람들도 해서 리본 나눔 하고 뭔가 알게 되고 이러면은 거기도 간담회가 되는 거잖아요, 좋죠. 그래서 제 생각에 그건.

12
새로운 꿈

면담자 안 그래도 영어 학원에 대해 여쭤보고 싶었어요. 학원에 아버님이랑 다니신 지가 어느 정도 되셨나요?

성호 엄마 얼마 안 됐어요. 이제 3개월째 접어드나, 1월 달부터 다녔으니까.

면담자 네. 올해부터 시작하셨네요?

성호 엄마 네, 네. 정말 같이 공유할 수 있는 게 있으면 덜 싸우지 않을까 그래서.

면담자 실제로 어떠셨어요?

성호 엄마 음, 좋긴 한데, 우리 신랑이 너무 튀잖아요(웃음). 어딜 가나 튀잖아요. 어디 가도 사람이… 지나만 가도 튀어요. 거기다가 가면은 선생님들에게 반갑게 인사를 해요. 가서 아는 척 하고 [알은척하고] 막, "좀 조용히, 조용히 좀 다니자"고(웃음) 튀니까, 그래서 제가 [많이 자제시키고 있어요](웃음).

면담자 영어는 회화 학원이라고 하셨죠, 같은 반이신 거죠?

성호 엄마 아니요, 달라요. 저는 완전 기초반이고 아주 기초고 성호 아빠는 그래도 레벨이 두 단계 높고.

면담자 아, 다르시구나. 반이 같진 않지만 같이 공유하는 주제가 있으시니까 좀 덜 싸우지 않으실까 했는데, 실제로 그런 데 도움이 되셨나요?

성호 엄마 네, 되는데. 너무 잘난 척을 해요(웃음). 우리는 기초반에서, 자기는 레벨 단계가 높긴 하지만, 우리는 짧은 문장으로… 이것도 시작하기 힘들잖아요. 그런데 자기는 문장에 단어를 몇 개 몇 개 넣어가지고 길어지잖아요. 일단 우리는 여기에서 이걸[기본을] 확실히 알아야 올라가는 거잖아요. 그래서 제가 뭔가 물어보면은 더 알려주고 싶은 마음에, 막 이렇게 긴 거를 알려줘요. 그럼 제 머릿속에는 하나도 안 남는 거예요. 내가 배운 거만 일단은 습득을 해야 하는데, 그럼 도움이 안 되니까 살짝은 기억이 나지만 이게 그렇게 많이 도움은 안 되더라구요. 어떨 때는 방해가 되기도 하고(웃음), 그래 가지고 "아, 이만큼은 아니다"(웃음), "내 용량이 안 된다"고 막… 이래서. 오늘도 구술 있고 저녁에 또 약속 있어 가지고 아침반을 갔다 온 거예요. 눈을 반쯤 감으면서 수업 듣고 왔는데, 그래서 머리도 못 감고 왔어요.

면담자 그래도 예쁘세요(웃음).

성호 엄마 그래도 뭔가를 내가 혼자 할 수 있다는 거에 조금 뿌듯함을 느껴요.

면담자 새로운 걸 배우는 재미도 있으실 것 같아요.

성호 엄마 네. 그리고 영어 배워서 나중에 해외로 봉사도 가고 싶고, 그런 같이 가는 봉사 같은 거 있잖아요. 가서 굳이 한국말로 해도 되지만 거기 아이들과도, 뭔가 그 상황도 물어보고 싶고 다른 사람 통해서 하면 몇 가지밖에 모르게 되잖아요. 그거 속속들이 알고 싶은 거예요. 상황, 생활도 그렇고 그 아이들에 대해서도 그렇고 그 마을에 대해서도 궁금하고… 자유롭게 내가 물어볼 수 있잖아요, 내가 아는 한도 내에서는. 그래서 그러고도 싶고, 제가 이번에 성호 이름 말고 제 이름으로 후원했던 아이가 케냐에 사는 아니, 우간다에 사는데 걔도 만나보고 싶고, 걔도 얼만큼 컸는지 나중에 또 따로 기회가 된다면 만나러 가고 싶고. 그래서 영어로 그런 얘기도 하고 싶고. 일단 꿈이 그거예요, 일단은 제가.

면담자 수업 들으시면서 그런 꿈도 꾸시게 되신 거예요?

성호 엄마 아니, 그전에. 애를 만나면, 만나 보러 가고 싶은데 언어가 안 통하면 뭔가… 거기 우간다말도 있겠지만 대부분 영어도 할 줄 알잖아요. 그래서 뭔가 영어를 내가 조금이라도 알게 되면 조금 더 유용하지 않을까. 그래서 내가 영어를 알게 되면 내가 할 게 더 많이 생길 수도 있겠다는, 역량이 더 넓혀질 거라는 생각이 들더라구요.

면담자 그런 생각으로 영어 시작하신 거네요, 겸사겸사.

성호 엄마 네(침묵). 그런 삶을 살고 싶어요. 어쨌든 간에, 그… 오드리 햅번, 그분[의 아들]이 여기 '기억의 숲' 만들어주셨잖아요. 그분을 참 많이 닮고 싶더라구요. 음, 그러니까 처음에 나도 저런 생각을 하고 있었지만 그냥 막연한 생각만 했었잖아요. 그래서 그런 분들 보면서 저렇게 '어차피 살 거면 한번 인생 살다가 죽는 거면, 저렇게 살다가 가고 싶다, 뭔가 내가 도움이 필요한 사람이 되고 싶다' 그런 생각 들더라구요. 제가 맨날 죽는 생각만 하다가 약간 살 희망이 좀 있잖아요. 뭘 위해서 살 수 있다 그런, 그걸 계속 찾는 거 같아요. 그냥 뭔가 뭐라도 끈이라도 잡고 싶다. 그래서 저 나름대로 뭔가 찾고 있는 거 같아요. 다른 사람들은 손재주가 많아가지고 뭘 잘하는데 저는 그런 것도 없고… 먹는 거[는] 잘 먹을 수 있는데, 그걸 제가 어디 가서(웃음) 할 수가 없으니까, 먹어주는 건 잘하는데. 그래서 일단 생각한 게, 그러면은 조금 더 재밌게 살 수 있겠다 생각 들더라구요.

면담자 그럼 최근에 시간을 보내시는 일 중에 영어 학원 가시는 일과가 어머님께 중요한 것 중에 하나이겠네요. 그럼 또 다른 정해진 활동이 있으세요?

성호 엄마 정해진 거. 그 외엔 특별한 건 없는 거 같아요. 계획적인 거는, 일단 그거고. 그리고 뭐… 하나씩 차차 잡아가겠죠. 너무 많이 버거우면 못 하니까(웃음), 일단 한 개라도 잘하자. 일단 그것만 잡고 있어요. 근데 공부는 안 하고 있고(웃음), 가면은 선생님 보고 학생들 보는 재미가 있고(웃음).

면담자 그래도 아침에 거기 가는 게 제일 큰 거 아니에요, 거기 나가는 게 제일 힘들거든요(웃음).

성호 엄마 맞아요. 일어나서 고민을 엄청 하는데, 가야 되나 말아야 되나.

면담자 일단 가는 게 귀찮거든요(웃음).

성호 엄마 맞아요, 맞아요. 특히 추운 날은….

면담자 네. 그래서 사람들이 운동도 잘 못 가고 [하는 거잖아요]. 굉장히 큰 걸음을 시작하신 거 같아요.

성호 엄마 조금 더 괜찮아지면, 일단… 운동을 좀 해야겠다. 체력이 돼야지 뭘 좀 할 거 아니에요. 그래서 두 번째 계획이라면 일단 그거. 아직은 확실히 서 있진 않지만.

면담자 차차. 어머님, 오늘은 투쟁 과정 중 기억에 남는 것들 이런 것에 대해서는 많이 말씀해 주신 거 같아서요. 관련돼서 혹시 더 하시고 싶은 얘기가 있으신가요?

성호 엄마 아니요, 생각 안 해봤는데. 저 원래 생각이 없이 이렇게(웃음).

면담자 지난주에 마치고 나서 해주신 얘기들이 있으셔서 그걸 제가 이어가서 오늘 더 몇 가지 여쭤볼 수 있었어요. 그래서 혹시 있으신지.

성호 엄마 다음 또 있어요?

면담자 (웃으며) 네, 보니까. 그래도 다음번엔 훨씬 더 짧게 진행할 수 있을 거 같아요. 최근의 근황, 어머님 생각의 변화에 대해서 좀 여쭤볼 거 같거든요. 삶의 변화. 오늘 이야기해 주신 것들도 있지만 삶의 변화나 3년을 지나오시면서 깨닫게 된 그런 것들을 여쭤보게 될 거 같아서, 다음 주엔 오늘보다 가볍게 진행할 수가 있을 거 같애요(웃음).

성호 엄마 소중함을 많이 깨달았죠, 깨달은 거는.

면담자 그리고 예전에 생각 안 해보시던 것들에 대해 새로운 거도 많이 알게 되신 거 같아요.

13
삶에 대한 태도의 변화

성호 엄마 음… 그랬던 거 같아요. 예전에는 그걸 막연하게 생각했다면 지금은 한 발짝씩이라도 내딛으려 하는, 그걸 위해서 한 발, 발이라도 내딛으려 하는 거. 바뀐 점이 있다면 그거 같아요. 그리고 이제… 내일은, 내일에 대한 막연한, 내일에 대한 미래보다 오늘을 많이 생각하는 거 같아요, 오늘을. 오늘 하루 힘들게 살지 말고, 어… 힘들어도 오늘 안으로 빨리 해결하고 오늘 하루 즐겁게 지내야지만 내일이 만약에 다시 온다면 후회 안 할 거 같고. 그래서 전에는 내일이 중요하다고 생각했으면, 바뀐 거는 그냥 오늘 이 순간. 진짜로 사람들이 말했던 그런 것들. 그냥 오늘이 제일 중요한 거 같아요. 내일 가면 내일이 또 오늘이죠. 전에는 10년, 20년, 30년 후를 내다봤다면 그런 거는 없고, 내일이 오면은 감사한 거고… 오늘에 집중을 많이 하게 된 거 같아요. 그래서 '내일 뭐 하지' 이거보다는 웬만하면은, 아직도 몸에 익숙하지 않아서 잘 안 되는데 '내일 뭐 하지'가 아니고 그냥 하고 싶은 거 오늘 하고, 그냥 오늘 잘 살았으면 되는 거고. 오늘 하루 잘 살았으면… 일단 그게 잠들기 전엔 괜찮았던 거 같아요.

면담자 네. 오늘 감사하고 수고 많으셨습니다.

성호 엄마 (웃으며) 네, 감사합니다.

3회차

2017년 7월 5일

1
시작 인사말

면담자　　본 구술증언은 4·16 사건에 대한 참여자들의 경험과 기억을 기록으로 남김으로써 이후 진상 규명 및 역사 기술에 기여하고자 합니다. 지금부터 엄소영 씨의 증언을 시작하겠습니다. 오늘은 2017년 7월 5일이며, 장소는 안산시 단원구 4·16기억저장소입니다. 면담자는 이영롱이며, 촬영자는 강재성입니다.

2
최근 근황

면담자　　오늘은 저희가 2차 구술 하고서 두세 달 지났는데요. 2차 구술 때 사건 이후의 이야기를 많이 해주셨어요. 생각의 변화 등에 대해 말씀해 주셨었더라구요.

성호 엄마　　기억이……(웃음).

면담자　　기억이 안 나시죠(웃음). 그래서 그런 기억이 안 나시는 그 얘기도 다시 해주셔도 되구요. 오늘은 주로 지난 3년간의 어머님와 가족의 삶의 변화와 생각, 생활에서의 변화들이나 깨달음 그리고 성호가 어머님께 어떤 의미를 갖고 있는지 그런 생각들을 주로 여쭤보려고 합니다. 일단은 어머니 뵌 지도 몇 달 됐으니까요. 그간 어떻게 지내셨는지 말씀해 주실 수 있으실지요.

성호 엄마 음… 그냥 그전하고 그때하고 좀 비슷하긴 한데… 목포에 몇 번 왔다 갔다 하고, 아예 일체 제가 활동을 안 하고 목포만 왔다 갔다 하는 거 몇 번 하고 주로 그냥… 집 안에만 있는 거 같아요. 집 안에만 있으니까 별로… 그닥 큰 변화는 모르겠고.

면담자 목포에는 언제 누구랑 주로 가셨을지요?

성호 엄마 지금은 성호 아빠가 거기서[4·16세월호참사가족협의회에서] 일을 안 하고 나왔는데, 그때 저희 신랑이 계속 와 있는 상태고, 저는 그냥 목요일 날 갔다가 월요일 날 올라오는 걸로 몇 번을 가고 그랬던 거 같아요. 근데 거기 가서도 너무너무 힘들었던 거 같애. 거기 가서… 저는 일반 시민들을 보는 게 별로 안 힘들 줄 알았거든요. 어, 더 힘들더라구요.

면담자 어떤 점에서 시민들 보는 게 힘드신가요?

성호 엄마 거기서도 여기서 우리가 간담회를 했던 거와 마찬가지로 주로 간담회를 하더라구요. 근데 어쩌다 보니 간담회에 끼어 있게 되고, 가족들이 몇 명 없으니까 하게 되었는데, 어른들을 봤을 때는 많이 안 힘들어요. 그런데 아이들이랑 같이… 같이 보여준다고 오신 분들이 많잖아요. 견학도 오고 하는데 그런 아이들하고 같이 앞에서 하는 게 너무너무 힘들더라구요.

면담자 보는 것만으로도.

성호 엄마 네. 그전에는 아이들 보는 게 그렇게 많이 힘들진 않았었어요. 그런데 시간이 가면 갈수록 아이들 보는 게 너무 힘들어요. 그리고 성호 친구들도 전에는 만나서 반갑고 그랬는데 지금은 시간이 갈수록 아이들 보는 것도 좋은데도 힘들어요. 그래서… 더 못 찾게[목포를 못 가게] 되는 거 같아요, 지금은…. 그리고 또 가긴 가야 하는데, 사람들 거의 없어요. 움직여 주긴 해야 하는데, 마음 같이 그게, 몸이 잘 안 움직여져요.

면담자 힘드니까.

성호 엄마 성호 아빠도 힘들어서, 올라와서 좀 쉬고 있는 상태니까 더 못 가게 되는 상황이 되는 거 같기도 하고. 그런데 밑에 가족들 보면 많이 안쓰럽고 미안하고 이런 마음 더 크고.

면담자 미수습 희생자분 가족들이요?

성호 엄마 어, 일단 그분들도 많이 힘들지만 같이 거기서 일을 하고 있는 분[유가족]들. 우리가 참여를 못 하고 있잖아요. 참여를 못 하고 있으니까 그 마음이 더…힘든 거 같아요. 차라리 참여를 하고 이러고, 거기서 더 힘들게 되면 좀… 덜할 텐데. 내가 참여도 못 하는 상태에서 그걸 그냥 바라보고 있으니까 그 미안함이 더 많아져서 그런가, 또 더운데 고생 많이 하잖아요…. 저는 마음만 미안하고 움직여지지가…, 움직여져야 하는데 그것도 안 되고 시간이 갈수록 더 힘든 거 같아요. 뭐 물어봤어요?

면담자 (웃으며) 최근에 어떻게 지내시는지.

3
성호 아빠와 관계 및 대인 관계 어려움

성호 엄마 최근에는 그냥… 그렇게 지내고, 성호 아빠랑도 많이 싸우고. 이 싸움도 많이 잦아진 거 같고 뭔가 이렇게 잡아, 끝까지 잡아야 될 이유가 점점 없어지는 거 같고 뭔가 이렇게 쉽게 놓아지는 거 같아. 쉽게… 뭐가 이게, 성호가 끈이었다면 한 번 더 화를 덜 내도 될 걸 그냥 화를 더 내게 되고 그러다가 또 상처를 내고. 서로서로 막 상처를 내고… 이러다 보니까 이게 미안하면서도 힘든… 힘들면서도 상처 받기, 서로서로 상처 받기 싫어하는 거 있잖아요. 그래서 어떨 때는 '정말 내가 이걸 다 놓아버릴까'란 생각도 많이 하게 되고, 점점 이게… 괜찮아질 줄 알았는데 점점 괜찮아지는 게 아니고 더 안 좋아지는 거 같아. 그… 몸보다는 '정말 내가 정신병원에 가 있어야 되나' 싶을 정도로. 내가 정말 정신병원에 찾아가야 되나 싶을 정도로 정신이 혼미해지고 내가 판단력이 점점 흐려지는 거 같아요. 어떻게 해야 할지도 모르겠고…. 요즘에 자주, 잦은 다툼이 있어요…(웃음) 좀.

면담자 아무래도 두 분이 집에 계시면서 자주 얼굴을 마주치게 되니까.

성호 엄마 네. 서로 아픈 사람들이라고 생각하면서도 서로… 서로 이렇게 내가 상처 받기 싫으니까 상대에게 그렇게 하는 거 같아요. 그래서 둘이서 보듬는다는 게 생각처럼 쉽게 안 돼요. 그래서 요즘엔 계속 그러고 있어요(웃음). 싸웠다가 또 괜찮았다가 싸웠다가 괜찮았다가 힘들었다가 또 괜찮았다가, 이런 일이 계속 반복되고 있는 거 같아요.

면담자 그래도 영어 학원 같은 반은 아니지만 같이 다니시면서.

성호 엄마 네, 네. 돈독해졌는데 목포신항에, 거길 하게 되면서 잠깐 중지를 했었었는데, 다시 또 그걸 할 줄 알았는데 이게 안 되더라구요. 그래서 다른 방법을 찾고 있어요. 방법은 계속 찾고 있는데 할 수 있는 방법들은, 잘 지낼 [방법을 찾고 있는데]… 평생 이렇게 살아야 되잖아요. 그런데 이걸 어떻게 잘 지내고 어떻게 잘 살아갈 수 있는지를 고민해야 되는데, 방법은 어떤 방법이든 다… 시도를 해보려고 찾긴 하는데, 그 과정이 좀 많이 힘든 거 같아요.

그래서 '아… 이렇게 평생 살아야 되나, 된다 그러면 어떻게 살지?' 음… 이런 생각이 많이 들긴 해요. 서로서로 많이 힘들겠다[고 생각을 해요]. 그래서… 한 사람이라도 안 아픈 사람이면은 어떻게 좀 견뎌볼 만하겠는데 서로 아픈 사람이다 보니까, 어떨 때는 보듬어주려고 애쓰다가도 어떨 때는 너무 힘드니까 서로 밀어내는 거예요. 그래서… '어떻게 해야 하나' 고민도 해봤다가 괜찮아졌다가,

또 괜찮아졌다고 생각했는데 괜찮아진 게 아니었고, 계속 이게 반복되는 거 같아요. 그래서 이렇게 사는 게 언제까지 이렇게 살아야 할지, 그런… 기간이 길어지지 않았으면 좋겠단 생각이 많이 들고.

면담자 제 생각엔 그런 부부, 어머니 아버지들이 많을 거 같아요. 아무래도 가족공동체 안에 아이가 없어진 상실을 다 같이 공유하고 있으니까요. 친하신 5인방 어머니들도 계시잖아요. 혹시 어머니랑 비슷한 경우도 있지 않을까요?

성호 엄마 어, 그분들은 또 우리한테는 티를 많이 못 내잖아요. 우리를 배려한다고 티를 못 내는데, 항상 우리… 우리한테 초점이 맞춰지는 거 같아요. 우리가 어떻게 잘못될까 봐 이렇게 약간 걱정도 하면서 불안하면서도… 안 그런 척 하면서 약간 우리한테 초점이 맞춰지는 거 같아요. 그래서 그럴 땐 되게 미안하고, 그러니까……(한숨) 사실 겁이 나요. 평생 이렇게 살아야 된다 그러면… 내가 진짜 어떨 때는 정신병원에 가서 입원을 하고 있어야 하나… 싶을 정도로. 진짜 미칠 때가 있거든요. 정말… 남편도 아예 안 보일 때가 있어요. 그러면 정말 내 몸을 누가 지배하는 느낌, 음… 내 마음 내 정신을 누가 지배하는 느낌인 거예요. 조종당하는 느낌 이런 거. 마음은 어떨 때는 이게 아닌데 아닌데 싶으면서도 전혀 다른 행동을 하는 거예요. 어… 그래서…(한숨) 진짜 내가 맞나 싶을 정도로, 그럴 때가 요즘에 자주 일어나요. 자주 일어나고, 진짜 걱정이에요.

제가 병원을 가야 되나. 처음에는 선생님들이 계속 "병원을 가는 게 좋다"고 말씀하셨는데 어찌 됐든 병원에도 안 가고 약도 안 먹어보고 나 혼자 스스로 좀 어떻게 이겨보려고 애를 쓰는데, 요즘에는 분노 조절 그것도 안 되고 감정 조절도 안 되고. 전에는 좀 된다고 생각이 들었었나 봐요. 그런데 요즘은 전혀 안 되고 있는 거 같아요. 요즘은 '병원에를 가야 되나…, 가면 진짜 내가 정말 정신이 이상한 사람인 것처럼 되는 건 아닌가' 뭐 그런 것도 겁이 나요, 사실은. 혹시나 그렇게 진단을 받을까 봐 겁도 나고….

그리고 사람들이 기간이 좀 지났다고 내가 전에처럼 그렇게 행동해 주길 바라… 바랄 수도 있단 생각도 들긴 들어요. 그런데 나는 그렇게 할 수 없잖아요. 근데 어떨 때는 내가 그런 행동을 했을 때, 처음에 내가 그런 행동 했을 때하고 지금의 똑같은 행동을 했을 때, 처음엔 이해를 하는 듯 보였지만 지금은… 그냥, 이해를 못 하는, '내가 이쪽 자리로 가 있어야 하는, 그렇게 해야 하는 건가'. 어떨 때는 혼자서 이런 생각을 많이 해요. 어떤 행동을 했을 때 느낄 때마다 그렇게 생각이 들 때도 있어요. '그럼 내가 어떡하지? 난 이렇게 갈 수가, 이렇게 안 되는데 이 사람들하고 유지를 어떻게 하지…' 이런 고민도 되고, 갈수록 대인 관계가 안 돼요.

처음에는 이 일 있었을 때도 약간 배려도, 어쩌면은 내가 힘들면서도 배려를 하려고 했었고, 그렇게 하고 있었고 그랬는데 지금은 그것조차도 이제 아무것도 하기가 싫은 거예요. 그러니까 이 사람들은 이런 행동을 보이니까 그 사람들도 감당을 더 못 할 거 같기도 하고 그래서 요즘에는 이게 뭔가 내가 정말 안정되지 못하면 대인 관계가 안 풀려요. 내가 진짜 이렇게 대인 관계를 못 했나 싶을 정도로 대인 관계가 진짜 잘 안 돼요…. 그래서 고민이 많이 돼요, '나 어떻게 해야 하지?' [하고].

가족들끼리 만나는 것도 이게… 서로서로 이해해 주겠지 하고 만나지만, 서로서로 힘든 사람들이니까 어느 정도 이렇게 보이다가도 '어느 정도는 그만 보여야지' 하게 되면 그때부터 마음이 점점… 힘들어지는 거예요. 내가 어느 정도 가려야 되고 배려를 해야 되고 해야 되니까 어… 그 순간부터 또 힘들어지는 거 같아요. 그 마음이 들기 시작하는 순간부터, 내 모습을 막 보여도 상관없다 그러면 조금 편한데, 내가 그걸 조금씩 가려야 되기 시작하면… 그때부터 점점… 많이 힘든 거 같아요.

면담자 세월호 다른 가족들과도 그렇게 느껴지시는 건가요?

성호 엄마 왜냐면 가족들도, 이 사람이 이런 행동을 했을 때 내가 저런 행동을 하고 그러니까 그게 힘드니까… 나도 그게 싫으니까. 아마 내가 저렇게 행동했을 때 싫을 거 아니에요, 그쵸? (면담자 : 그러니까 그렇게 서로 배려를) 어, 싫을 거 아니에요. '나도 저런 모습 보이기 싫다. 힘들다' 막 이랬을 텐데, 나도 내 모습[을] 보이면 상대방도 그렇게 생각하고 느껴질 거 아니에요. 그래서…… 그런데다가 그냥 친구들도 그렇고, 친구들도… 어… 이해는 해주겠지만 어떨 때는 행동이, 내가 어떨 때는… 정말 이게 감정 조절이 안 되고 이게 뭐가 나왔을 때, 오히려… 이제는 그러니까 제 느낌이지만, '얘네가 아직까지도 받아들이지 못하는구나, 내가 이런 행동 했을 때 받아들여지지 않을 수도 있겠다'라는 게 느껴질 때도 있어요.

그리고 만약에 이전에 성호가 있었을 때는 내가 많이 불편해도 참을 수 있었더라면 지금은 그런 상황이 똑같이 일어나면 못 참는 거예요. 그걸 못 참아요. 그리고 만약에 나랑 성호를 불편하게 했던 사람들, 내가 거기서 참아야만 했던 사람들, 그 사람들 보면 안 참아지고 이제는 내가 막… 해버리는 거 같아요. 그래서 이 사람들도 더 힘들 거 같고 저도 힘들 거 같고…… 그래요(웃음). 몇 달 사이에 더 힘들어진 거 같아요.

진짜 어디 가서 막 정말 그냥… 이렇게 내가 무슨 행동을 해도 "너 잘했어, 잘했어" 이런 곳이 있으면 정말 찾아가고 싶은 거예요. 그냥 나한테, "이렇게 이렇게 해라"가 아니라 그냥… 내가 무슨 짓을 해도, 무슨 한 공간에서 내가 그걸 다 토해낼 수 있는 그런 게 좀 있었으면… 하고 싶을 때가 있어요. '아무 생각 없이, 그런 공간이 좀 있었음 좋겠다'는 생각이…, 잘못을 했어도 "니가 잘못했다" 말하지 않고 그래도 나한테 "잘했다"고 얘기했음 좋겠다… 음, '그렇게 할 수 있는 공간이 좀 있었으면…' 그런 생각이 들기도 해요(웃음).

면담자　　그런 걸 표출할 수 있는 공간이 필요하신 거 같아요, 들어줄 수 있는 사람도.

성호 엄마　　사람이란 자체가 너무 힘들잖아요. 로봇이라도… 나의 얘길 들어주고 그 사람이 상처 받지 않는, 나의 마음속을 들어주는 뭔가 그런 게 있었으면, 거기 가서… 내가 온갖 별짓을 다 해서라도 퍼붓고 싶은 그런… 딴 생각 안 하고. '나 어떤 사람이다라는 거 의식 안 하고 생각 안 하고 막 해도 되는 그런 곳이 있었으면 좋겠다'는 생각이 요즘은 들어요. 그래도 아무도 모르는(웃음), 진짜 신경 안 쓰고……(한숨). 여기 뭔가, 여기가[가슴이] 답답한데, 여기를 덜어낼 수 있는 게 좀 있으면 좋겠어요. 어디 가서 말을 해도 편치가 않고, 말을 해놓고도 편치가 않고 이런 거 있잖아요. 공간이 있잖아요. 그러고 나서 잊어버리고 싹 나왔으면 좋겠어요.

면담자 답답하신 거 같아요.

성호 엄마 다른 사람들은 뛰어다니고 그래서 많이 힘들 텐데…, 그래서 "참 배부른 소리 하고 있구나" 하는 소리를 들을 수도 있는데. 내가…… 그냥 사는 자체가… 살고 있는 자체가 너무 힘들다 보니까… '내가 꼭 이런 걸 해야 하나. 이걸 해서 나한테 좋을 게 뭐 있지?' 이렇게 생각하기도 하고. 그래도 [활동을] 하긴 해야 하는데, 여러 가지 생각이 막… 그게 힘이 드는 거 같아요. 가끔씩은 이게 세상이 좀 멈춰줬으면 좋겠어요. 사람이 길을 가다가도 이렇게 멈춰지는, 멈춰져서 그 사람들 아무도 안 움직이고 나만 움직이는 게 있잖아요. 그랬으면 좋겠어요.

면담자 그럼 그때 뭐 하고 싶으세요?

성호 엄마 그냥 막 돌아다녔음 좋겠어요. 모르니까, 미친 듯이 막 돌아다니고 어떻게 막 하고, 어… 그리고 내가 좀 괜찮다 싶을 때 탁 풀리고 그랬음 좋겠어요. 어차피 악을 써도 내가 어떻게 해도 어떤 미친 짓을 해도 아이는 돌아올 순 없잖아요. 돌아올 순 없지만… 그래도 그런 공간이 좀… 있었음 좋겠단 생각이 들어요. 처음에는 이런 말이 되게 싫었거든요. "산 사람은 살아야지", 정말 이런 말이 듣기 싫었어요. 그런데 지나다 보니까 내가 산 사람이다 보니까, 내가 살고 있잖아요. 살고 있으니까 내가 조금 덜 힘들게 살려고 애를 쓰고 있는 거잖아요. 그래서… 그래서 그런가 싶기도 하고…….

4
지난 3년간 힘들었던 일

면담자 최근 몇 달간에 그런 것들이 어머님 힘들게 했다는 말씀을 해주신 것 같은데요. 그러면 최근뿐만 아니라 지난 3년간 어머님을 가장 힘들게 했던 것이 어떤 거예요?

성호 엄마 그냥 애를 구할 수 없었던 거, 그냥 그게 제일 힘든 거 같아요. 바로 앞에 있는데도 구할 수 없었단 거, 건질 수 없었단 거, 그게 제일 힘든 거 같애요. 그냥 애를 보내고 그 당시에는 청운동에서 막 걷기도 했던, 그런 게 내 몸이 힘들고 '이렇게 해야 하나' 이게 가장 힘들 줄 알았는데, 요즘에는 이게… 그냥… '내가 슈퍼맨이 있으면, 참 좋겠다'란 생각? (면담자 : 직접 가서) 어, 내가 구할 수 있는 상황이면 내가 구했으면 참 좋았겠다…(울음) 이런 거…, 그게 제일 힘든 거 같애요. 앞에 빤히 보이는데도 죽게 만든, 죽게 내버려 뒀다는 거 그게 제일 힘든 거 같애요.

사람들이 욕하고 이런 건 그닥… 힘들지 않는데, 당시 순간에만 기분이 나쁘고 '내가 왜 이런 소릴 들어야 돼'라고 하지만, 제일 힘든 건 그거 같아요. 그게 자꾸… 기억에서 맴도니까, 그게 자꾸 잊혀지지가 않는… 그걸 잊고 싶어요, 저도. 그것… 잊고 싶은데……(한숨) 내가 뭐라도 해봤으면, 내가 뛰어들어서 내가 죽을 둥 살 둥 뭐라도 해봤으면 그게 좀… 덜했을 텐데, 그냥 눈앞에서 계속 죽어가는 거를 기다려야 했고, 아무것도 내가 할 수 없는 상황이었을 때 그게 제일 힘든 거 같아요. 내가 뭔가를 할 수 없을 때가 제일 힘든 거 같아요.

면담자 지금까지 그런 무력감이 계속 떠오르시는 거네요.

성호 엄마 전에는 청운동에 다니고 걷고 간담회 하고 이러다 보니까, 몸이 지치다 보니까 '이게 힘들구나'라고 생각을, 그게 제일 힘들 줄 알고 지냈어요. 그래도 그게 제일 힘들다 생각했는데, 그냥 계속… 맴도는 게, 잊고 싶은 기억이 안 잊혀지는 거 있잖아요. 내가 어떻게 아무것도 할 수 없었다는… 그게 제일 힘들어요. 차라리 내가 뭐라도 했더라면, 어떻게 물속에라도 뛰어들어서라도 뭐라도 했더라면 뭔가… 뭔가 낫지 않았을까. 아무것도 안 했다고 아무것도 못 했다고, 아무것도 안 하고 아무것도 못 하고 그런 내 무능함이… 진짜로 그게 너무 싫더라고요. 그래서 더 힘든 거 같아요. '진짜, 세상에 슈퍼맨이라도 있으면 얼마나 좋을까' 이런 생각도 많이 하고. 그래서… 성호 아빠랑 이혼 생각도 많이 했었는데, '이혼을 하면…… 혹시 성호에 대한 기억도… 지금까지에 대한 기억도 다 놓지 않을까' 그런 어리석은 생각을 한 거죠. 다 그렇게 잊어버릴 수 있다고 생각한 게, 그래서 이혼하잔 소리도 되게 많이 했던 거 같아요. 그냥… 그래서 성호 아빠[를] 되게 힘들게 한 것도 있고……(침묵).

면담자　　하나하나 생각해 보면 지난 3년간 어머니 많은 일 하셨잖아요. '성호를 구하기 위해서 정말로 바다라도 뛰어 들어갔더라면 이렇게 됐더라도 지금처럼 그렇게 후회되진 않을 거 같다'는 생각이 드시는 건가요?

성호 엄마　　덜 고통스럽지 않았을까.

면담자　　그 바다라는 게.

성호 엄마　　제가 되게 비겁했던 거 같애. 마음은 '내가 정말 여기를[바다에] 빠지면, 이 사람들이 이 모습을 보고도 구해줄까' 그래서 뛰어들려고 그런 마음을 가졌다가 바닷물에 딱 손에 닿았는데 너무 차가운 거예요. 그래서 그 순간 또 잊어버린 거예요. 뒷걸음질을 치게 되는 거예요. 그게 너무 바보 같은 거예요, 정말. '내가 부모이긴 하는 건가…, 엄마긴 하는 건가, 엄마가 맞나' 싶을 정도로… 너무 자격이 없는. 너무…… 일찍 결혼해서 그냥 아이를 낳으면은 이렇게 크는 줄만 알았고 소중함보다는, 그때는 소중함을 덜 느꼈을 거 아니에요, 지금보다는. 그냥 이렇게 사는 건 줄만 알았고. 아마 지금 이 일을 당하지 않은 사람들은 저처럼 비슷하게, 전에 살았던 거랑 비슷하게 살지 않을까, 지금도.

사람들이 진짜로 내가 소중함을 알게 됐으면 이 아이 행복부터 먼저 생각을 할 거예요. '어떻게 애가 행복하게 잘 살 건지'. 그럼 그렇게 많은 학원들도 안 보낼 것이며, 사람들이. 이 아이가 정말 소중하다면 '이 아이가 정말 행복하게 사는 게 뭘까'라고 생각을 해 볼 거 같애요. 바뀐 게 그거예요. 지금에 '참… 애가 우리한테 참 소중한 아이구나'라고 느끼고 '귀한 존재구나', 그냥 아이를 낳고 살아가는 게 아니고 '정말 귀한 존재였구나'라는 거를… 아이를 잃고 나서 더… 느끼는 게 많은 거 같아요. 솔직하게 말씀드리면 더 많이 느껴요. 제가 아마 죽을 때까지도 계속… 그럴 거 같애요. 진작에 이걸 좀 알았더라면 서로서로 더 좋았을 텐데……(울음).

5
사건 이후 관점의 변화

면담자 '이런 소중함을 진작 알았으면 좋았을 텐데'라고 생각을 하시게 됐다고 말씀하셨는데요. 혹시 또 다른 점에서 4·16 사건이 어머님의 관점이나 생각에 변화를 준 게 있을까요?

성호 엄마 음… 그런 것보다, 옛날에는 정말 사소한 것까지도 이걸 안 하면 정말 큰일 나는 줄 알았어요. 이걸 해야 돼, 이걸 꼭 해야 되는 [거라고 생각했어요]. 지금은 이걸 안 하고 있어도, 설사 얘가 공부라고 치자면 '숙제 같은 것도 꼭 해야 되긴 하지만 그렇게 목숨 걸곤 안 해도 된다'고 생각이 들어요. 그런데 그때는 '이걸 어떻게든 해야 된다, 꼭 안 하면 안 된다'라고 생각을 갖고 있었는데, [이제는] '그냥 그 규칙이 깨지지 않을 정도로만 약간 융통성 있게 해도 된다'라고 생각이 드는 거예요. '이걸 꼭 하지 않아도 죽지 않지만 이걸 하기 위해서 규칙은 지켜나가야 된다라는 것만 가르치면은 된다'고 이젠 생각이 들거든요. 그런데 이걸 안 하면 정말 안 되는 줄로만, 그 규칙을 지키기보다는 이걸 안 하면 안 된다고만 그냥 생각만 했을 뿐이지, 그래서 강요를 많이 했던 거 같아요.

그런데 지금 이렇게 아이들을 보면 지금도 여전히… 학원을 많이 보내고 공부에 목숨을 걸고 성적이 안 나왔다고 투신을 하고 하는 걸 보면 너무너무 안타까운 거예요. 저거보다 더 재밌는 삶이 많은데, 우리는 여기에다가 틀에 맞춰놓고 애들을 평가를 하잖아요. 그래서 틀에서 벗어나면 이 사람을 다른 시선으로 바라보고. 이거 말고도 다른 좋은 것들도 할 게 많은데, 여기 안에서만 갇혀 지내는 게… 우리나라는 틀이 깨졌다고 하지만 아직 못 벗어난 거예요. 그런 걸 보면서… '애들이 잠 못 자면서까지 저렇게 할 필욘 없는데. 왜 애들을 그렇게 만들어놓을까?' 그렇게 잠을 못 자면서도, 잠을 안 자면서, 그럼 어떻게 키가 커요. 그래 놓곤 키 안 큰다고 다른 거를 방법을 찾고 하잖아요.

그런 걸 보면서 '왜 그렇게 괴롭… 서로서로 괴롭히면서 이렇게 살까, 꼭 굳이 이렇게 안 살아도 되는데' [하는 생각이 드는 거예요]. 그게 내가 아니고, 내 다른 사람… 그러니까 뭐라 해야 하지, 다른 사람 입장으로 봤을 때 그게 보이더라구요, 내 입장에서 보는 게 아니고. 다른 가정을 다른 사람이 본다고 했을 때 보이더라구요. 내 가정을 다른 사람 눈으로 봤을 때 내 마음이 그게 보이는 거예요. 지금도 그런 게 아직도 많은데, 그런 걸 보면 이 속에서 답답한 거예요. 너무 답답한 거예요. '방법들은 여러 가지가 많은데, 왜 저런 방법만을 택할까?' [싶고요].

사는 게 이제 너무 싫은가 봐요. 아이들도 매어 사는 게 싫고, 어른들도 그렇고. 너무 매여서 살아가는 거 자체가, '어차피 살아가야 되긴 하지만 그 안에서 뭔가 다른 게 뭔가 할 수 있는 게 없을까?' 어차피 이렇게 살아가야 한다면… 그런 걸 많이 생각하게 돼요. 그게 제일 힘든 거 같애요. 그런데 여전히 '사람들도 그렇고 나도 욕심을 참 많이 내고 있구나…' 하는 생각도 들고, 이게 욕심에서 비롯된 거 같기도 하고.

면담자 다 그렇게 사니까 그렇게 안 하면 불안해서 그렇게 따라서 살잖아요.

성호 엄마 '왜 꼭 그렇게 따라서 살아야 할까? 그냥 이 사람 삶도 있고 이렇게 사는 것도 인정, 왜 인정해 주려 하지 않을까? 도대체 뭐가 두려울까?' 이런 거 있잖아요.

면담자 지난번에 세월호 자원 활동하는 일반 시민들에 대해 말씀해 주셨던 게, 어머님이 거리에서 투쟁을 하고 집에서 지내고 하면서 보니까 그 사람들도 세월호 가족들을 돕고 같이하고 싶은 마음이 있지만 방법을 몰라서 힘들었겠다고 하셨거든요. 그들의 모습을 한 발짝 떨어져서 보니까 보이더라구요. 이렇게 여러 관점에서 어머님이 한 발 떨어져서 보게 되시는 거 같아요.

성호 엄마 그런 거 같아요. 그러니까 더 많이 보이더라구요, 더 많이 느껴지고. 내가 이해를 하려 한 게 아닌데 자연스럽게 그게 보이게 되고. 음… 되게… '정말 이게 자원봉사란 게 힘든 일이구나'란 생각을 많이 했어요. '정말 이게 마음을 먹지 않고 내가 어느 정도 내려놓지 않고, 어떤 마음으로 해야 되지 않으면 이건 못 하는 거구나. 쉬운 게 아니구나' 란 생각을 했어요, 진짜.

면담자 요즘도 계속 자원봉사 가세요?

성호 엄마 네.

면담자 꾸준히 하시네요.

성호 엄마 하는데, 힘들어요(웃음).

면담자 몸으로 하시는 거다 보니까 그런 건가요?

성호 엄마 몸은 힘들지 않은데, 정신적으로 좀 힘든 거 같아요, 아직 마음 자세가 안 돼서.

면담자 그래도 그렇게 꾸준히 하시는데, 이미.

성호 엄마 아직 마음 자세가 아직. 그게 그런 거 같아요. 처음엔 쉽게 도전하는 게 자원봉사지만, 이게 쉬운 게 아니더라구요. 이게 오래가려면 내가 어느 정도 마음이 됐을 때 그게 오래갈 수 있단 생각이 들더라고요. 아직까지는… 제가 마음의 준비가 덜 된 거 같아요. 자원봉사는 무작정 뛰어드는 게 아니구나 싶어요(웃음).

6
지난 3년간 위안이 된 것

면담자 약간 다른 방향의 질문을 드려 보려 하는데요. 지난 3년 동안 어머니에게 위안이 됐던 게 어떤 게 있을까요?

성호 엄마 위안이 됐던 거… 위안이 됐던 건… 그래도 아이들을 기억해 주려고 하는 노력들, 감사함. 그래도 저버리지 않으려고 하는 그런 마음들. 아직도 내 아이가 기억이 되고 있구나…. 사람은 이렇게 죽으면 어찌 됐든 살아 있을 때보다는 빨리 잊혀지는 게 맞잖아요. 전 빨리 잊혀질까 봐 그게 두려웠거든요. 또 '내 기억 속에서 빨리 잊혀지면 어떡하지? 내 몸이 그렇게 습관이 돼버리면 어떡하지?'란 게 두려웠는데, 내 몸이 그렇게 되려고 할 때 사람들이 기억을 해줘요. 사람들이 기억을 해주면 그걸… 내가 다시 기억을 하게 되는 거 같고.

뭔가 내가 잃어버리고 있을 때, 사람들이 기억해 주는 걸 보면 한 번씩 이렇게 정신을 차리게 해주는 거 같아요. 그래서 그게 제일 감사해요. 잊혀지지 않는 게 제일…, 그게 제일 그만큼 위안이 되는 거 같아요. 잊혀지면 정말 슬플 거 같애. 사람이 태어나서 그 때만 기억이 된다는 건 아픈 일인 거 같애요. 진짜 욕심이지만 이게 죽어서까지도 기억이 된다면 얼마나 좋을까. 그리고 '얘네들이 정상적으로 살다가 나이 들어서 갔으면 그때는 빨리 잊혀져도 괜찮은데' 그런 생각이 들구요. 어떨 때는 사람들이 기억해 주지 않아도 되니까, 얘네들이 정상적으로 살다 갔음 얼마나 좋았을까(울음). 잊혀진다는 게 제일 두렵고, 기억해 주니까 제일 위안이 돼요.

7
추구하고 싶은 목표

면담자 앞으로의 어머님의 삶 속에서 한 가지 추구하고자 하는 목표가 있다면 어떤 게 있을지 생각해 본 적 있으세요?

성호 엄마 목표…라기보다 '애들을 위해 할 수 있는 게 없을까? 그냥 그렇게 애들 위해 살 수 있는 게 있다면 그것만 하다 가도 좋겠다…. 내가 해주고 싶은 것들, 못 해줬던 것들, 나를 필요로 하는 아이들이 있다면 내가 해줄 수 있는 능력 안에서 그냥… 그런 삶을 살아가면 참 좋겠다…'란 생각[이 들어요].

면담자 지난번에도 어머님 영어학원 얘기 하시면서 우간다의 아이 후원하시는 얘기도 하셨지요.

성호 엄마 애들…, 어차피 애들도 크면은 어른이 되잖아요. 아이들 그 기간 동안에 애들이 커가는 그 순간, 그 순간에 내가 뭔가 도움이 될 만한 거, 나를 필요로 한다면. 그 아이들도 어차피 어른은 되잖아요. 그럼 계속 그 아이들… 커가는 그 기간 동안은 내가 뭔가 할 수 있잖아요. 이 아이만 아니고, 다 커가니까요, 계속 연결이 될 거 같은 거예요. 그럼 그건 끝이 없을 거 같단 생각이 들어요. 뭔가 큰 건 아니더라도 내가 아이들하고 또 내가 그 아이들 안에서 에너지를 받는 거고. 서로서로 뭔가 기쁨을 주고, 큰 거 아니더라도 거기서 뭔가 '내가 이렇게 정말 행복하게 잘 살아야 되겠다'란 생각이 들 정도만 된다면, '참 잘 살았다'란 생각이 들 거 같아요. 그럴 거 같아요. '이래서 살아볼 만하구나' 하는 생각이 들면 좋고.

면담자 아이들에 대한 생각을 많이 하시는 거 같아요.

성호 엄마 전 애들을 그렇게 좋아하진 않는데(웃음), 그래도 그 애들이 웃는 모습을 보고 싶어요. 진짜 좋아서 웃는 모습. 그냥 억지로 웃는 모습 말고 진짜 행복해서 웃는 것 보면… 그것만 보고 살 수 있으면 얼마나 좋겠어요. 사람이 다 좋아서 웃는 건 아니잖아요. 그런데 진짜로 좋아서 행복해서 웃는 모습을 보고 싶을 뿐이에요. 삶에 찌들지도 않고 너무 과하지도 않으면서, 그 안에서 애들이 재밌게 살아가는 방법[이], 있으면… 뭐라도 일을 해도 그런 쪽으로 찾고 싶어요. 요즘 애들 공간도 되게 많이 부족한데, 그런 거라도 있으면 얼마나 좋을까…….

8
정권 교체 후 진상 규명에 대한 전망 및 기대

면담자　최근에 정권 교체도 되고 변화가 좀 많았었는데요. 사람들이 진상 규명도 예전 정부보다는 희망을 많이 갖고 있는데, 어머님 개인적으로는 세월호를 둘러싼 진상 규명이 어떤 의미인지, 그리고 어떤 전망을 갖고 계신지요?

성호 엄마　그런데 희망은 있는데 확 바뀌진 않을 거 같아요. 예전엔 뭔가 '그래도 확 바뀌겠지'라는 게 있었는데 그냥 지금은… 어느 정도 변화는 보이겠지만 확 바뀌진 않을 거라는… 저의 생각.

면담자　왜 그렇게 보세요?

성호 엄마　정치에 대해선 저도 잘 모르지만, 정권이 이렇게 바뀌었다고 해서 그거를 확 바꿔줄까? 지금 바꿔줄 거라면, 지금 몇 달 되진 않았지만 어느 정도 큰 변화가 나는… 조금씩 몸에 와닿는 게 아니라, 눈에 확 보이고 확 뭐가 변했을 거라고 생각해요. 근데 그냥… 지금 제가 느끼기로는 조금씩… 이게 맛만 보여주는 거 같은 거 있잖아요. (면담자 : 전반적으로요?) 어, 어. 그냥… 뭐도 이렇게 했으니까, 이렇게 살짝살짝 맛만 보여주는 거. 어, 감질맛 난다고 하죠, 그죠? 그런 느낌이에요. 아마 이것도 내 욕심이겠지만, 계속 이렇게 가지 않을까 싶기도 하고. 변화는 있겠죠, 변화는 아마 없지 않아 있을 건데, 그렇게 확 바뀔 거라는 거는… 처음보다는 덜해요.

면담자 기대보다는.

성호 엄마 어, 기대는 하겠지만 그렇게 많은 기대는 덜해진 거 같아요. 처음에는 '아, 우리 됐다, 우리 됐어' 이렇게 생각했는데, [이제는] 살짝살짝 오히려 '이렇게 건들다 말면 어떡하지'라는 걱정도 좀 돼요, 그냥 제 생각에. 큰 변화가 있으면 좋겠지만.

면담자 진상 규명 관련 기구를 또 만든단 소리도 있던데요, 구체적으로.

성호 엄마 전 요즘에 활동을 안 하니까 그걸 잘 모르겠어요, 그런 쪽으론…. 어, 정보도 잘 모르고 뭔가 좀 알아야 하는데, 그냥… 관심이, 그냥… 무덤덤해진 거 같애요. 사는 게 별로 재미가 없다 해야 하나. 그냥… 변하면 좋겠지만… 음, 내 마음이 또 언제 바뀔지는 모르겠지만 지금 상태로는 이게 별로… 살아가는 데 별로 재미가 없으니까, 어떻게 살아야 할지도 모르겠고. 그런… 기대감이랄까, 감각? 나한테 이렇게 세포들이 뭔가 둔해졌단 느낌이 들어요. 생각 자체도 하기 싫고, 미리미리 생각하는 것도 싫고 어떤 거에 대해서도 집중하는 것도 싫고, 이런 거. 그냥 무기력만 해지고, 그냥 몸이 움직여지면은 움직여지고 그런 거. 아침에 눈뜨면 '눈떴구나. 아, 오늘 하루 또 살아가는구나' 이렇게 돼버리고, 그래서… 뭔가 정보에 눈 뜨고 반짝반짝하고 뭔가 찾아보고 해야 하는데 그런 것도 안 하고 있는 거 같애요. 아무것도 정말 안 하고 있는 거 같애요.

면담자 　　전반적인 의욕이….

성호 엄마 　　어, 없어요.

9
성호의 의미

면담자 　　마지막 질문을 드리겠습니다. 3년이 지난 지금 성호를 떠올리면 어떤 생각이 드시는지, 그리고 성호가 지금 어머님에게 어떤 의미로 다가오는지 말씀해 주실 수 있을까요?

성호 엄마 　　처음에는 성호한테 미안한 마음이 많이 들었었거든요. 근데 지금은 성호…, 이런 생각이 들기도 해요. '3년이라는 기간을 부모로서, 사회가 이렇다는 거를 알려주고 싶었고, 그런 기간을 일부러 줬을 수도 있겠다…. 그래서 더 소중함을 더 알게 만들고 싶었을 수도 있겠다'라는 생각이 들기도 하고. 그냥… 성호는 지금… 성호 자체가 고마움인 거 같아요. 고마움이고…, 지금은 성호가 잘 지냈으면 좋겠고. 그냥 성호에 대한, 성호한테 나중에 "내가, 엄마가 이만큼 했어"라기보다, 그 결과물보다 "나는 엄마니까 좋아" 그거 한마디면 되는 거 같아요. 다른 거 다 필요 없고… 그냥 성호이니까 좋은 것처럼 그냥… 잘 지냈으면 좋겠어요.

만약에 여기를 보…, 거기서 뭔가 가려져서 여기가 안 보였음 좋겠고. 성호가 지내는 곳에서 여기가 안 보였으면 좋겠어요. 거기서 그냥 잘 지내고 신경 안 쓰고 그냥 잘 지냈음 좋겠어요. 그냥 그거 한 개……. 근데 시간이 갈수록 잊혀지진 않는 거 같아요, 저는. 잊혀질까 두려웠었는데, '그래도 잊혀지진 않을 거 같다…. 그건 두려울 필요가 없겠구나'란 생각 많이 했어요(한숨). 그냥 보고 싶어요…. 다 기억나지 않아도 그냥 그것만으로도 살아갈 수 있는 힘이 생겼으면 좋겠어요(침묵). 보고만 싶어요……. 다 그립고, 웃음소리도 그립고, 자는 모습도 그립고. 거기선 힘들지 않았으면 좋겠어요. 그거면 돼요. 여기는 이제 남아 있는 사람들 몫이니까, 나중에 "그냥 엄마여서 좋아" 이 소리만 들었음 좋겠어요. "아빠여서 좋아".

10
세상에 대한 바람

면담자 저희가 준비한 질문은 3차에 걸쳐서 다 드렸는데요, 혹시 마지막으로 하고 싶은 이야기가 있으신가요.

성호 엄마 아픈 사람들이 많이… 생겨나지 않았음 좋겠어요. 아프더라도 그냥 살짝살짝 지나갈 수 있을 정도로만 사람들이 아팠음 좋겠고, 그런 일만 생겼음 좋겠고. 그냥… 평화로웠음 좋겠어요, 세상이. 세상이 평화롭게, 이 세상이 발전하지 않아도 그냥… 평화롭게만 된다면, 평화로웠음 좋겠어요. 누굴 짓밟고 올라가지 않아도 되는 그런… 그런 세상, 발전이 없어도 같이 그냥 해치지 않고 어울려 살 수 있는 세상, 따뜻하고 편안한 세상이 됐음 좋겠어요(웃음). 재미는 없겠지만… 그런 세상에 살면 좋겠어요. 제가 굉장히 정신없이 말했는데(웃음).

면담자　　아니요. 굉장히 차분하게 해주셨는데요(웃음).

성호 엄마　　제가 항상 말을 잘 못 해서, 우리 신랑한테(웃음).

면담자　　한 번도 그런 생각 못 했는데(웃음).

성호 엄마　　제가 무슨 말을 했는지도 모르고, 막 그래요.

면담자　　걱정하지 않으셔도 됩니다. 추울 때부터 시작해서 여름까지 오래 걸려서 구술을 진행했어요.

성호 엄마　　봄에 시작했는데.

면담자　　네. 반년 가까이, 반년까진 아니고 오랜 시간 걸쳐서.

성호 엄마　　제가(웃음).

면담자　　그래도 나와주셔서 감사드리고요.

성호 엄마　　늦게 마무리 지어 가지고, 고생 많으셨어요.

면담자　　아뇨. 어머니야말로 이런 이야기 꺼내는 거 쉽지 않은 거 저희도 잘 알고 있어서요, 말씀해 주신 것만으로도 감사합니다.

성호 엄마　　어떨 때는 답답해서 말하고 싶을 때도 있는데, 그런 공간이 주어지지 않으니까 답답할 때도 많아요….

면담자　　그런 게 있음 좋겠어요, 어떤 모습일지 모르지만. 이런 마음의 어려움이 어머니뿐만 아니라, 말을 안 한다 하더라도 이미 많은 엄마, 아빠들이 겪고 있으실 거 같아서요. 뭔가 있으면 좋을 거 같아요… 그래서 '이웃' 이런 데도 많이 가시지 않나요? 많이들 가시는 거 같더라고요.

성호 엄마　　그런데 전 불편해요.

면담자　　다른 부모님 만나는 것이요?

성호 엄마　　아직도 가족들 보는 게 편하지 않아요. 편하지 않고 그냥 만나는 사람들 만나고. 그냥 그런 사람들이… 그냥, 빨리 내 아이만 생각하면서, 내 아이랑 같이 다녔던 곳만 돌아다니면서, 그냥 추억이라도 생각하면서 그렇게 지낼 수 있는 날이 빨리 왔음 좋겠어요. 그냥 마음 편히 내가 내 아이를 느끼고 같이 공감하고 이랬던 곳들을 찾아가 보고 싶고. 그런 곳도 마음 편히 가고 싶은데, 아직은 그런 때가 못 되잖아요. 그런 날이 빨리 왔음 좋겠어요. 너무 멀… 너무 길진 않았으면 좋겠어요. 일상생활로 돌아가긴 힘들겠지만 그래도 노력할 수 있는 날이라도 왔음 좋겠어요.

면담자 네. 장시간 고생 많으셨어요, 감사합니다.

성호 엄마 제가 감사합니다.

면담자 네. 이것으로 엄소영 님의 구술증언을 마치겠습니다. 감사합니다.

4·16구술증언록 단원고 2학년 4반 제13권

그날을 말하다 성호 엄마 엄소영

기획 편집 4·16기억저장소 | **지원 협조** (사)4·16세월호참사가족협의회

펴낸이 김종수 | **펴낸곳** 한울엠플러스(주)

초판 1쇄 인쇄 2019년 4월 1일 | **초판 1쇄 발행** 2019년 4월 16일

주소 10881 경기도 파주시 광인사길 153 한울시소빌딩 3층

전화 031-955-0655 | **팩스** 031-955-0656 | **홈페이지** www.hanulmplus.kr

등록번호 제406-2015-000143호

Printed in Korea.

ISBN 978-89-460-6736-3 04300

978-89-460-6700-4 (세트)

* 책값은 겉표지에 표시되어 있습니다.